日本スポーツ法学会年報 第24号

2017

日本スポーツ法学会

CONTENTS

Legal Issues related to Streamlining Anti-Doping Setup

Practical Reports

Issues raised by Russian Doping Scandal .... Takuya YAMAZAKI [6]
Report and Relevant Issues from Task Force and Others .... Masaki SAKAIDA [14]
From the Perspective of Criminal Law and Comparative Methods .... Kanako TAKAYAMA [18]
From the Perspective Spanning Legal Issues and Civil Law related to Streamlining of Anti-Doping Setup
.... Masayuki TANAMURA [30]
From the Perspective of Discipline Panel, Regulation Violations and Lodging Appeals
.... Yoshihisa HAYAKAWA [42]

Panel Discussion

Legal Issues related to Streamlining Anti-Doping Setup .... [50]

Articles

Judicial Review of National Team Selection in Sports Tribunal of New Zealand
.... Taisuke MATSUMOTO [74]
Significance and problem of the child protection system of the British Rugby Football Union
.... Katsumi MORI [98]
Russian Organized Doping Scandals and Post Rio Anti-Doping Scheme
.... Shoichi SUGIYAMA, Hironaga KANAZASHI, Takahito IGAMI, Norihide ISHIDO [120]

Case Study

About Verdict at Tokyo District Court on December 26, 2016 .... Ban MATSUBARA [144]

Sport Arbitration Report

.... Takahito IGAMI, Hironaga KANAZASHI [158]

Association Communique [188]

Regulations of Japan Sports Law Association [191]

Annual Report of Japan Sports Law Association – Editorial Rules and Style Sheet for Manuscripts [192]

目　次

アンチ・ドーピング体制の整備に関する法的課題

個別報告

ロシアドーピング問題が提起した課題　　　　　山崎　卓也　　6

タスクフォース等報告と課題　　　　　　　　　境田　正樹　　14

刑法・比較法の視点から　　　　　　　　　　　髙山佳奈子　　18

アンチ・ドーピング体制の整備に関する
法的課題―民事法の視点から　　　　　　　　棚村　政行　　30

規律パネル・規則違反・不服申立の視点から
　　　　　　　　　　　　　　　　　　　　　早川　吉尚　　42

パネルディスカッション

アンチ・ドーピング体制の整備に関する法的課題
　　　　　　　　　　　　　　　　　　　　　　　　　　　50

原著論文

ニュージーランドの代表選手選考仲裁
における判断基準
―スポーツ仲裁における司法審査のあり方―
　　　　　　　　　　　　　　　　　　　　　松本　泰介　　74

イギリスラグビー・フットボール・ユニオンの
チャイルド・プロテクション制度の意義と課題
　　　　　　　　　　　　　　　　　　　　　森　　克己　　98

ロシアの組織的ドーピング不正とリオ後の
アンチ・ドーピング体制の考察
　　　　　　　　杉山　翔一、金刺　廣長、井神　貴仁、石堂　典秀　　120

判例研究

サッカー社会人リーグ試合中負傷事故損害賠償
請求事件（東京地裁平成28年12月26日）
判決について　　　　　　　　　　　　　　　松原　範之　　144

スポーツ仲裁評釈
  JSAA-AP-2016-006（柔道）
  仲裁判断について　　　　　　　　　　　　井神 貴仁　　158

  JSAA-AP-2016-001（自転車）
  仲裁判断について　　　　　　　　　　　　金刺 廣長　　174

学会通信　　　　　　　　　　　　　　　　　　　　川井 圭司　　188

日本スポーツ法学会会則　　　　　　　　　　　　　　　　　　　191

『日本スポーツ法学会年報』編集規程・原稿執筆要領　　　　　　192

アンチ・ドーピング体制の整備に関する法的課題

〔日本スポーツ法学会第 24 回大会〕

【個別報告】

ロシアドーピング問題が提起した課題

山 崎 卓 也

(Field-R 法律事務所)

　こんにちは、ありがとうございます。弁護士の山崎です。
　私は主に選手側の仕事、サッカーや野球の選手会の仕事を 20 年ほどやってきた関係で、国際的な会議に選手の代表として出るということを体験してきました。この間、日本での馳先生ならびに様々な方々の努力で報告書ができています。ゲームの、試合の、そしてスポーツのインテグリティを守る、これは全スポーツ関係者の共通の願いであることは間違いないですが、ではそれを一体どのような手段で実現するのかということに関しては、当然のことながら、誰かの犠牲が大きくなり過ぎないように行われなければならないと考えています。
　私が海外で本日のようなシンポジウムに出させていただいて、パネリストとして発言する時、選手側の仕事をしておりますので、選手の人権であるとか、選手の負担に関する話をするんですが、そうすると、「しょうがないじゃないか。それ以外手段がないんだから」「別に無実だったら受けても問題ないだろう、無実なんだから。負担が仮にあったとしても、ちゃんと証明すればいいじゃなか」みたいなことを言われてしまいます。皆さんご存知のようにドーピングは厳格責任、Strict Liability ですから、普通の刑事法とは逆で、無実を自分で証明しなきゃいけないという非常に特殊な制

度なんですね。これは色々な経緯でこういうことになったということはあるものの、今日は、選手は規定を守れということだけを言いたいわけではなくて、この問題を考えるに当たってのバランスある視点とはどういうものなのかということをぜひ考えていただく意味で、「ロシアドーピング問題が提起した課題」というテーマで、何が起きたのかということと今後の方向性はどうあるべきなのかという話をさせていただきたいと思います。

ロシアのドーピング問題から見えてきたこと

まず、ロシアのドーピング問題ですが、皆さんよくご存知のことだと思いますので、詳しくは述べませんが、いわゆる組織ぐるみでドーピングをしていたという事例です。これに関して今回大きく問題になったのは、選手がリオオリンピックに参加できるどうか、リオパラリンピックに参加できるどうか、という問題でした。

IOCは、ロシアオリンピック委員会の資格停止という手段や選手の全面出場禁止ということはせずに一定の要件を示して、その一定の要件を満たす競技者に関しては参加を許容するという姿勢を取りました。ただし陸上に関してはIAAFがロシア陸上競技連盟を資格停止にしましたね。これに対してパラリンピックはロシアパラリンピック委員会自体を資格停止にしましたので、参加は全面禁止ということになりました。すなわち、もう既にIOCとIPCで処分が違っているということなんですね。処分が違うことに対して実質的な根拠があるかというと、別にないわけですよね。簡単に言うと判断する主体が違ったからこういう結論になったということです。こういう現実があるということを我々としてはどう考えるかということが一つあります。

こういう時に往々にして言われるのは、「処分をもっと厳格化すべきだ」というようなことですね。現実に今言われているのはWADAの独立性で

あるとか、権限であるとか、財源を強化しろということです。毎年約300億円ぐらい使ってドーピング検査が行われていますが、今回のロシアのドーピング問題は発覚しなかったわけですし、有名なところで言うと自転車のランス・アームストロングという選手の問題、これも発覚しなかったわけですよね。ですので、お金をかけて検査をしても結果的には悪質な、ないしは本当に捕まえなければいけないドーピング違反事案は捕まえられていないわけです。

　これは誰のせいだという話をしたいわけじゃなくて、現実に今のWADA規定に基づく体制の中では限界があるという場合に、独立性を強化したり、権限を強化したり、財源を強化するということが言われるのは文脈としては当然なのかもしれませんが、それが果たして本当にバランスある、ないしは効果的な解決策なのかというのは検証されなければならないですし、特にWADAの権限を強化するということは、その権限を監視する人は誰なのか、その強大化する権限に対して何かしらの抑制力、抑止力を働かせる必要はないのかということが当然問題になるわけです。違反したドーピング機構、日本で言えばJADAのような組織に対しての制裁を強化したり、ドーピング規程違反の刑事責任化をしようというような話はいつも出ることですが、ドーピング規定というのは厳格責任であって、罪刑法定主義ないしは無罪推定の原則を覆すそういう法律になっているわけですね。ですので、そういう前提に立って刑事責任化するということは口で言うのは簡単ですが、人権的な感覚からすると非常に問題だということになりますよね。

　それから内部告発者の保護、いわゆる「ホイッスルブローワー」が議論されていますが、こういったことに関して、具体的で実効的な保護が図られるのかということは非常にポイントになります。ドーピングと並んでインテグリティを脅かす世界的な問題が八百長です。日本で問題になることは少ないですが、海外では八百長は非常に大きな問題でして、八百長でもホ

イッスルブローワー、内部告発の制度に関する話はかなり議論されています。実際に情報提供しようとしても自分が特定されてしまう、告発者が特定されてしまうことによって、告発者が受ける被害を考えると、それをどうするか考えた上でないと実効的な制度は作れないということになります。

本質的な問題に目を向ける

　今日お話ししたい話は、まず一つは制裁の強化は果たして実効性があるのかということです。本当にドーピング規制が想定している悪い人たちを発見できるような制度になっているのかということで考えると、私が委員として出席している世界選手会（World Players Association）、つまり世界の色々なスポーツの選手会の国際組織は、ロシアのような問題が起きることを前から警告をしておりました。というのは、実際のところ各国のレポートシステムがしっかり完備されていない、ないしは検体の保管も色々なところでかなりいい加減に保管されているという実態がかなり前からありましたので、実効性に関して警鐘を鳴らしていました。

　警鐘を鳴らしていた中で世界選手会が言ってきた話は、実効性より「見せしめ」を優先してこなかったかということでした。これも実際問題としては難しい話だというのは理解しています。当然のことながら誰かが何かしらの形でドーピング規制をやらなければいけないのは事実なんですが、実際にランス・アームストロングみたいな事例を考えれば、厳罰化することによって本当に防止できるのかというと、厳罰化よりも前にやることがあるべきなのではないか、そういう話を、実際にしていました。しかし、2015年のWADA規定の改正の際になかなかそういう意見が受け入れられずに、処分が倍になってしまう、つまり2年が4年になってしまったというような実態がありました。

　「見せしめ」ももちろん効果があるケースもあるでしょう。しかしながら

実際のところ、果たしてどれくらい効果が生まれているのかというのはなかなか検証されていない上に、ここで考えなきゃいけないのは、ドーピングがなくならない本当の理由は何なのかということであり、何でロシアのような問題が起きたのか、何でランス・アームストロングのような問題が起きたのかというところの本質的な問題に目を向けないといけないのではないかということです。当然のことながら今回の報告書でもEntourage、いわゆる選手の関係者というところの話にも言及されています。実際のところ選手の周り、選手を取り巻く、選手に対する商業的プレッシャーないしは勝利へのプレッシャーというのは高まる一方であって、それはトップスポーツであればあるほど深刻化しているわけですよね。だとすると当然のことながら選手が望むと望まないとに関わらずドーピングが起きるということが、今回のロシアのドーピング問題が証明したある種、闇の部分であろうかと思います。ですので、そういう構造的な問題があるのであれば、そういう構造的な問題を防止するためにはどうしたらいいのか、じゃあ今までのWADAのシステムやドーピング規制の全体的な体系というのは本当にアプローチとして正しかったのかという検証はあまりされないまま、往々にして制裁が強化されるということが行われてきたという視点もあるのではないかと思います。そういう意味で言うと、選手は犯罪者なのか、被害者なのかということは改めて考えられなければならないと思います。特にわが国は比較的ドーピング事案が少ない国ですので、ひとたびドーピング違反が出てしまうと、それがうっかり摂取であったりとか、あるいは選手が摂取したサプリメント、しかも安全とされているサプリメントに実は禁止薬物が入っていたみたいな事案にまで制裁が科せられてしまい、且つその制裁が科せられたことによって選手の名誉であったり、選手生命が断たれるきっかけになるということが実際にあったりします。今までの禁止薬物の中にいわゆる禁止薬物の発覚がされにくくなる、いわゆるマーカーと呼ばれるものが禁止薬物として一定期間だけ指定されていたが、4年後

になくなるみたいな形のものも、そういう類の禁止薬物も過去にあったりしました。でもその間、実際にその禁止薬物を摂取して罰を受ける人はいるわけであって、本当にその禁止薬物そのものが妥当かという部分もある中で、今までのWADAがやってきたことやJADAがやってきたことはもちろん素晴らしいこともたくさんあると思うんですが、客観的な検証がされるべきであるという部分もあるのかなあと思います。

　どうしてもこの話をすると、やはり選手が悪い、厳罰化するべきだ、WADAの権限を強化するべきだという議論に陥りがちです。それも一面では正しいのですが、反対の側面もあって、じゃあその権限を強化するということは何を意味するのかであるとか、今までのWADAがやってきたことというのは、どこをどうすればよかったのか、どうすれば起こらなかったのかという部分に関しても、もっと検証がなされるべきなのではないかと思うんです。特に刑事責任化というところは慎重であるべきであり、また、今はどんどん遡って検体が検査されるという時代になってきている関係で、時効期間、今回も10年ということになっていますが、こういったことに関しても本当に10年が妥当なのかということに関しての十分な検証がなされるべきなのではないかと思うんです。それは何でかと言いますと、今かなり昔のものが遡って改めて検査される、今で言えば北京オリンピックの検体が遡って検査されて、しかもそこでドーピング違反が発見されてしまえばいわゆる厳格責任ですから反証を自分でしなきゃいけないわけですね。2008年のものについて反証しなければいけないということが実際に起きるわけですから、これは非常に過大な、大きな負担ということに選手側としてはなるわけですね。

　あとはこれもよく言われている話ですが、行為態様であるとか、特定物質、非特定物質であるとか、故意なのかそうじゃないのかという部分はありますが、例えばいわゆる汚染薬物の問題だったりとか、あるいはもっと言うと選手の属性を問わない、具体的に言うとオリンピックに出る選手にはプ

ロ選手もいますし、アマチュア選手もいるわけですよね。4年間出場停止というのは基本的にはオリンピックを念頭に置いて作られているわけですが、サッカー選手が4年間出場停止になるということは、これはもう即選手生命が断たれることを意味するわけです。果たしてプロ選手に4年間の制裁を科すということがアマチュア選手、オリンピックアスリート、普通のアマチュア選手に4年を科すことと本当に同じと言えるのかどうかという風に考えると、そもそもプロフェッショナルスポーツに関しては、WADAのフレームの中から外れて、それぞれの団体交渉という形でルールを作っていくべきじゃないのかというようなことが言われています。例えば、アメリカの四大スポーツなんかはその典型で、MLBやNHLは独自のドーピング制裁を労使で合意して決めているわけですから、そういったアプローチというのも今後どんどん考えられていくべきですし、サッカー選手が全てWADAから抜けるという方向もこれからあり得る話で、既に議論されていることでもあったりします。それから居場所情報提供義務もしばしば問題になりますが、例えば選手がコスト削減のために山田と鈴木が一緒の部屋で泊まっているが、山田という名前しかホテルに登録されていない。そこで鈴木選手に競技外検査が出た場合にはこれ違反になります。だってお前ホテルにいなかったじゃないかということで違反になる。これ実際にオーストラリアで違反になった選手がいたりします。こういう問題にも目を向けるべきだと思います。

今後の方向性

　最後に、以前FIFAにたくさん逮捕者が出た関係で、今、FIFAも反省をして、FIFA2.0と言って、FIFAの規約自体にヒューマンライツ、人権を尊重するという概念が明示されるに至っています。そうやってスポーツ界は、特にメガスポーツイベントを中心に人権尊重の流れがトレンドに

なってきています。これは東京オリンピックでもサステナビリティという理念との関係で行われることですが、そういう流れの関係で考えると、関係者、特に選手に関してヒューマンライツ尊重の流れとの関係で、今あるドーピング規制のあり方が本当に妥当なのかどうかということも関係者全員がもっと真剣に考えるべき問題なのではないかと思いますし、特に選手の声が反映されるシステムは現状不十分だというのが世界選手会、選手の関係者の話ですので、そういったところも念頭に置きながら今日のお話を進めていければと思います。ありがとうございました。

【個別報告】

タスクフォース等報告と課題

境 田 正 樹
（東京大学理事、四谷番町法律事務所）

　それでは「アンチ・ドーピングの体制の構築・強化に向けたタスクフォース」について簡単ではございますが、ご説明をさせていただきたいと思います。お手元に皆さん、報告書をお持ちかと思いますが、この内容について簡単に説明をさせていただきます。

わが国のアンチ・ドーピングに関する現状

　「アンチ・ドーピング体制の構築・強化に向けたタスクフォース」は、昨年の12月に立ち上がりまして、この時は冨岡勉文部科学副大臣が座長、委員として私と本日お越しの浅川さん、それから東京オリンピック・パラリンピック組織委員の井上惠嗣さん、それからラグビーワールドカップ 2019 組織委員会事務総長代行の河野一郎さん、JSCの高谷吉也理事、それからスポーツ庁の木村徹也審議官、今泉柔剛課長ですね。そのメンバーで報告書を作成いたしました。
　まず、表に書いてありますように、わが国のアンチ・ドーピングに関する現状はどのような状態なのかということについて検討いたしました。これまでのJADAを中心としたアンチ・ドーピング活動の成果として、わが国では、比較的少ないドーピング防止規則違反の確定率である、つまり諸外国に比べると非常に少ない割合でしかドーピング違反は起きていないと

いうことですね。それから国際的なアンチ・ドーピング活動への継続的な貢献をずっと行ってきました。日本の文科副大臣がWADAの常任理事というポジションにずっとついておられます。それからアジア地域におけるアンチ・ドーピング活動の発展にリーダーシップを発揮し、諸外国に対して様々な助言などを行ってきたということもございます。ただし課題としては国際的な対応ができる人材が不足している、ドーピングにまつわる課題に対する危機感が希薄である、件数は少ないが毎年ドーピング防止規則違反が起きる、こういったことがございます。

今後2019年にラグビーワールドカップ、2020年に東京オリパラ大会が開かれ、そこに多数の外国人選手が来日する予定であります。今のままの体制ではなかなかそういった多数の外国人を迎える体制としては脆弱であるし、法的な整備も必要であるということでございます。

また、国際的なアンチ・ドーピング活動の主な課題と求められる対応でございますが、検査だけでは捕捉できないドーピングが増加しているということで、モニタリング機能の実効性を向上すること、それから、インテリジェンス（情報）共有体制を強化することが大きな課題です。例えばドーピングに関わる様々な情報が入手された場合、その疑わしきアスリートもしくはコーチがどこにいて、何をやっているのか、いつ何を入手したのか、そういった情報を関係機関がきちっと共有しなければいけない、こういった体制を強化しなければいけないということがインテリジェンス共有体制の整備ということです。それから、国際的教育ツールの開発や教育活動の展開、アンチ・ドーピングに関する医師や薬剤師などへの教育・啓発活動も実施しなければならない。それから科学技術の発展に伴って巧妙化、高度化するドーピング違反行為をどのように摘発するか、また、アスリートの身体に負担をかけない検査手法をいかに開発するかという課題もございますので、既存の検査手法に代わる新たな検査手法を開発しなければいけないという課題もございます。それから今後発生するであろう組織的ドーピング違反行為についても、適切に対応すべき新たなモニタリングシステムを構築しなければいけないという課題もございます。

わが国のアンチ・ドーピングに関する今後の課題

　次にわが国が喫緊に取り組まなければならない対応といたしましては、ドーピング検査の実効性の向上、それから教育活動の充実・強化、それから研究活動の充実・強化、そして組織的なドーピングに対する国際的な対応というところにございます。これに対する達成手段として今後法的措置を検討しなければいけないのが、以下の3つです。まず関係機関とのインテリジェンス共有のための連携の整備でございます。昨今、個人情報保護法、独立行政法人個人情報保護法等が改正されるなど、個人情報にかかる法制度が大きく変わっております。また、新しく個人情報保護委員会という行政組織もできましたので、そういった機関の動向も確認しながら、ドーピングにかかる情報を関係機関間で連携するための体制を整備をしていかなければいけない。それから組織の業務・役割分担ですね。JADA は、公益財団法人、これは民間団体です。他方、JSC は独立行政法人という半ば公的な機関ですので、その両機関がどのような役割分担をしながら、インテリジェンス共有体制を構築するのかということも検討しなければいけない。それから、アンチ・ドーピング防止に関する教育・研修の推進体制を整えること、新たな検査手法の研究開発を行うことも重要な課題です。

　法的措置についてさらなる検討が必要なものはドーピングに対する刑罰化です。結論といたしましては、刑罰化を具体的に検討するための立法事実が乏しい上に、数少ない違反事例は全てスポーツ制裁でカバーされているということで、現状では、刑罰を新たに設ける必要まではないのではないかという結論に至りました。また、刑罰の補充性の観点からも、スポーツ制裁は選手生命を断つに等しい厳罰であり、それを承知でドーピングをする者に、それより軽い刑罰を科しても抑止効果が低いのではないか、また、刑事罰を設けなくとも、ドーピングをすると捕まると思わせるようにドーピング検査の量と質の充実させること、及びインテリジェンス共有体制を整備することこそが最大の抑止力となり得るのではないかということでございます。それから、ドーピング禁止違反の対象となる「アスリート」の身分は流動的であり、刑罰の対象となる者の特定が困難だという事情があ

るため、罪刑法定主義の観点からも問題があると考えられます。さらには、スポーツをする者のみが刑罰の対象となることはスポーツ基本法の精神に反する懸念がございます。そして、刑罰の実効性の確保の観点ですが、仮に外国人アスリートやコーチが日本でドーピング違反行為を行っても大会終了後に直ちに出国してしまえば、取り締まりの実効性の確保は困難だということで、刑罰の実効性にも限界があるとこういうこともございます。

　このような経緯がございますので、今回は、刑罰化については喫緊な課題としては取り上げないという結論に至りました。なお、平成28年11月にはスポーツ議員連盟の中に、「アンチ・ドーピングワーキンググループ」が立ち上がりました。同グループの座長は遠藤利明衆議院議員であり、事務局長は、本日お越しいただいている馳先生で、現在、そのグループの中で、アンチ・ドーピングに関する立法化に向けた検討作業が行われています。この内容については、馳先生からご紹介いただければと思います。以上が私からの報告となります。ご清聴ありがとうございました。

【個別報告】

刑法・比較法の視点から

髙 山 佳 奈 子
(京都大学法科大学院)

はじめに

　スポーツにおけるドーピングには、次元を異にする様々な問題があり、法制度としてこれに対応するためには、まずそれらの問題の複合性を分析する必要がある。各国の制度は、問題のどの側面を重視するかによって千差万別であり、一国内で変遷している場合もある。比較法的研究の際には、各国の法制度全体の特徴をふまえ、その上にドーピング規制がどのように位置づけられているかを正確に理解することが望まれる。この基礎的な部分の知見が重要であることは強調すべきであり、逆に、表層的な比較には警鐘が鳴らされるべきである。なぜなら、ドーピングに直接関連する法令の条文だけを参照したのでは、制裁法や団体法の体系がわからず、当該国で制度がどのように機能しているのかもわからないからである。部分的な模倣は、逆効果を生んでしまう場合もあることに十分な注意が必要である。本稿は、日本が今後有効なアンチ・ドーピング体制の構築を進めるにあたって、追求すべき目的とそのための効果的な手段を検討するとともに、弊害のおそれにも考慮を促そうとするものである[1]。

　この観点で、「アンチ・ドーピング体制の構築・強化に向けたタスクフォース」が2016年に公表した報告書「アンチ・ドーピング体制の構築・強化について——ドーピングのないクリーンなスポーツの実現に向けて——」は、多角

的な分析をふまえた優れた内容になっており、積極的に評価したい。たとえば、単に、ドーピングに対する刑事罰を置いている国が多いからそれに倣うべきである、といった短絡的な提言をするのではなく、より効果的な規制の探究や、人権保護の観点からの懸念も前提とされている点は重要である。スポーツ議員連盟のワーキンググループでは、「ドーピング防止活動推進法案」を検討していただいているとのことであるが、この報告書の方向性に沿って進められることが望ましいと考える。

「基本理念」の立て方

　ここで考慮されている諸側面は、着目される基本理念の位置づけに従って次のように整理できるだろう。第一に、各国に共通してあてはまる基本的な価値として、①「公正な競争という観点からのスポーツの保護」のための、スポーツにおける公平性、公正性、透明性、および、②「アスリートの保護」のための、選手の健康、人権がある。これらは国際的にも認められる普遍的な価値といってよいだろう。第二に、その他に、国による相違のありうる価値として、③スポーツ団体の自律性やスポーツの多様性も挙げられる。歴史的に、スポーツ団体が行政機関でなく民間団体であり、かつその組織形態も自由かつ多様であった日本においては、この③も、比較法的に見て他の多くの国におけるよりも重視されている価値である。国によっては、日本ならば民間のスポーツ団体などの活動に相当するものが、国の行政の活動として行われているところもある。そこでは自律性や多様性のあり方が、民間団体を中心とする国々とは異なっている。日本では、スポーツの規制を、国の活動の一部として簡単に具体化できるものではなく、「私的自治の原則」との関係に留意して構築する必要がある。

　第三に、派生的な価値といってよい観点の次元も存在している。「教育的価値」がそのレベルにある。国によって、スポーツの扱いに関する基本理念の立て方は、法律上様々であるものの、少なくとも日本について整理する場合には、「教育的価値」は、第一や第二の観点と同じ次元で並存しているものではなく、それらに関連づけられる形で内実が与えられるものである。最

も強調されるのは上記①についての青少年の健全育成教育、国民の啓発といった観点であるが、②や③についてもその重要性は社会的に認知されなければならない。つまり、位置づけとしては、何か「健全育成」とか「教育」という、それ自体の内容が空虚な価値が独立して並存しているわけではなく、①〜③の内容を持つ観点を考えて初めて、それらについての健全育成や教育を観念できるという理解のほうが適切である。

この点で、スポーツの「インテグリティ」を重視すべきだとする意見[2]については、用語法に注意を要すると考える。その具体的内容が明らかにされているのであれば問題がないが、内容が示されないままに「インテグリティ」が独立の価値であるように見えてしまうと、「スポーツに対する信頼」、あるいは、「スポーツに参加しようという気持ち」のような漠然とした感情が直接に保護価値の中に入ってきてしまい、それを根拠として規制が強化される可能性がある。そうすると、逆にアスリートの利益を害しうる場合が出てきかねない。目指されている方向性に異論があるわけではないが、その明確な範囲について、具体的にかみ砕いて示す形で、法律上の理念をうたっていくべきではないかと考えられる。

諸外国の法制

（１）法制度全体を視野に入れる必要性

筆者は、2008年度から2010年度まで、日本スポーツ仲裁機構における文部科学省委託事業「ドーピング紛争仲裁に関する調査研究」に委員として参加した後、2012年度には同じく日本スポーツ仲裁機構における文部科学省委託事業「ドーピングに対する法的制裁制度に関する調査研究」ワーキンググループの座長を務めさせていただいた[3]。その際、各委員のご協力を賜り、比較法的な調査研究を実施した[4]。その後、2013年9月の東京五輪開催決定をはさんで現在に至るまでに、諸外国には新たな立法の動きも見られる。本稿では、その一部も視野に入れた考察を行いたい。

この比較法研究に従事した際、日本においても諸外国においても、とにかく象徴的な刑事立法を早く実現したほうがよいという意見が強くうち出され

がちであることがわかった。そのような見解からは、すでに罰則を持っている諸外国の条文をいくつか参照し、日本にとってこれが適切そうだと思われるものを真似して罰則を作ればよい、とする短絡的な考えになりがちである。だが、それにはかなり問題がある。先にも触れたように、単に条文だけを比べても意味はなく、その国の司法制度や行政の制度が全体としてどのように動いているかということまでを視野に入れないと、真に実効的な規制はできないからである。たとえば、スポーツ団体の法的性格が行政の一部であるのか、それとも民間団体として自律的に活動するものであるかによっても大きな相違が生じる。スポーツ団体が国の一部であるとすると、行政法の一部の機能を果たすものとして規制されるわけであるが、日本のように民間ベースでスポーツ団体の活動が展開されている国では、自律的な民間のコントロールのほうが、国家的強行法規よりもよほど有効である場合が多いと思われる。また、他にも国によって規制の相違する例として、汚職の規制がある。汚職の処罰などについて、日本では、公務員の汚職と民間の汚職とがそれぞれ異なる法律によって規制されており、要件も効果も異なる。しかし、旧社会主義諸国や英米法圏の諸国の中には、民間の組織における汚職と国や地方公共団体における汚職とを全く同じように処罰している法制を持っている国も多く存在する。それゆえ、「ドーピング罪」の条文だけを比べて模倣しても、団体法や汚職規制などの関連領域の文脈における位置づけが理解されていなければ、効果的な制度の構築にはつながらないと懸念される。

（2）規制の変遷の例

　拙速にドーピング罪を立法することに反対する理由として、何を処罰しようとしているのかが不明なままに罰則だけを導入すると、その先にいかなる方向に進めばよいのかがわからず、制度が混迷の一途をたどるという問題を挙げることができる。

　筆者はドイツ法を研究しているので、ドイツ法を例とすると、ドイツは2015年末にドーピング対策法という法律を新しく作った。施行されたばかりであるが、これに至るまでには法規制の考え方に変遷があり、単にドーピング罪を作れば物事が整理されたり解決したりするという話ではないことがよ

くわかる⁽⁵⁾。

　ドイツにおいても日本と同じく、スポーツ団体は基本的に民間の団体として活動しており、当初は、ドーピングに対しては民間団体の自律的な制裁のみが課されていた。日本と同じく、刑法ないし行政法による処罰規定は存在していなかった。その後、まず、薬事法の中にドーピング罪が導入された。薬事法の規制目的は、「国民の健康の保護」であるから、ドーピングも、国民の健康保護という観点から規制されることとなった。ここでは、アスリートは被害者として位置づけられ、健康を保護することだけが前面に出た罰則が置かれていたわけである。ところが次に、薬事法の中でドーピング罪の処罰範囲が広げられ、ドーピング規制対象物質の単純所持が一部可罰的になった。これは、ドーピング物質の「一定量以上所持」罪という形であった。なぜ「一定量以上」とされたのかというと、自己使用は犯罪ではないことが前提とされたためである。つまり、他人に対して使う余地があるだけの量を持っていると、その他人の健康に被害を及ぼす、という理由で、単純所持罪が処罰されるようになったのである⁽⁶⁾。この段階ではなお、薬事法の文脈で、健康保護という目的に対する危険が処罰根拠であるという考え方がとられていたことがわかる。

　しかし、新法を制定した今般の法改正では、ついに発想が大きく転換し、規制目的はスポーツにおける「競争秩序の保護」に変わった。もちろん、依然として健康保護もうたわれているものの、それにはとどまらず、選手による自己使用、そして少量であっても所持罪が処罰されることになり、「公正なスポーツにおける競争を害する犯人」としてのアスリートの位置づけが新たに登場したわけである。そして、組織的な行為については加重処罰を規定する形になっている。

　これはドイツに限った経過ではないが、歴史的に見ると、ドーピングの問題が議論されるようになった最初の頃は、不当な手段によって競技成績を向上させることがドーピングの不正な内容だと考えられていた。たとえば、馬術で馬に薬を投与して競技成績を上げるという例を考えると、薬が使われているのは馬であるから、人の健康を直接害することにはならない。これは、「不当な手段により公正な競争を害する行為」という位置づけで規制されること

となったはずである。しかし、その後、アスリートの健康被害が深刻化する問題が生じ、生命の危険のあるようなケースも多数出てきたため、規制の重点が、競争侵害の観点から健康保護にシフトしてきた時期がある。これは、アスリート自身の保護としても理解されるし、国民の健康や公衆衛生の観点が強調されている場合もある。さらにその後のドイツなどの流れを見ると、近年、公正な競争を侵害するというドーピングの側面が再び重視されるようになっている。とりわけ、そのうち、組織的な行為や、汚職を伴うような行為に対しては、公の分野であろうが、私の分野であろうが、法規制を強化するべきだという考え方が学者の間では少なくとも国際的に共有されつつある。

保護法益論

　こうした実例にも明らかなように、これから日本が新しい法制度を作っていこうとする際に、比較法の視点からは、外国の法律の中にどのような条項があるかをただ比べるのではなく、何を規制目的として重視しているのか、あるいはそれをどのように実現しようとしているのかといった点にも注目していく必要がある。直接の被害者ないし潜在的被害者は誰か、規制目的は何かを考えると、たとえばアスリートの立場一つとってみても、健康被害の防止ということでは被害者的な立場だったものが、競争を侵害するという観点からすると加害者になりうる、というように転換している。複数の規制目的を併用している国も多いが、その際に、どの側面に着目してどのような処罰にするのかを明確に切り分けて評価しなければ、ともかく何かドーピング罪を作ろうというあいまいな話になりかねない。それでは規制の実効性も図られないし、人権侵害の心配もある、という失敗の立法になってしまうことが考えられる。

　健康保護の観点を考えても、これは確かに歴史的、また実務的に重大な問題を含んできたわけであるが、必ずしもそこには収まらないドーピングも多数ある。健康を害さない物質や手段は、健康保護の観点からは規制の必要がないと思われるし、動物に対しての薬の使用も、人の健康には影響しない。健康への影響がほとんどない物質が規制対象として指定される範囲は、時期

によって異なりうる。たとえば、スポーツ仲裁で実際に問題になった事案では、「育毛剤」に含まれる成分が一時期規制対象であり、その後、規制から外れたというものがある[7]。特段健康を害するわけではないが、競技成績に影響を与えるかもしれないという物質であると、健康被害の点からは規制が説明できず、競争を侵害することが規制根拠になる。

　また、健康被害を根拠に規制を及ぼす物質の場合であっても、他の刑事罰の範囲との関連を考えなければならない。なぜなら、自分で自分の体を傷つける自傷行為は犯罪ではないからである。自分で自分を傷つけることに対してパターナリスティックに制約を及ぼすのは、対象者が通常の判断能力のない人であるということを前提とする。典型的なのは青少年保護である。十分な判断能力がないことから、たとえばいくつかの地方公共団体において、青少年保護条例が青少年に対する入れ墨を処罰している。あるいは、人身売買罪において売買される被害者を考えると、被害者はその事情を知らない場合もあれば、知っていて売買の対象になっている場合もある。この被害者のように、成人であっても、経済的に窮地に立たされているような人は、本来あるべき正常な判断ができない状態にあるという前提で罰則がある[8]。

　アスリートは、大人であって判断能力に問題が特にない人が多いと思われる。したがって、それにもかかわらず、組織の中で精神的に追い詰められて自分で自分の健康を害してしまうことを、パターナリスティックな保護の対象にできるのかは、理論的には非常に問題のあるところである。

　さらに、「ルール違反」という意味での公正な競争の侵害を防止するという考え方からしても、ドーピングをその経済的な効果に着目して、詐欺罪や独禁法違反のように理解する立場もあるであろうし、フェアプレイといった文化的な価値の侵害として重視するやり方もあるだろう。秩序の保護という観点も、一様ではなく、国によるニュアンスがありうる。

適用可能な既存の犯罪類型

　「ドーピング罪」という独立の犯罪類型を必要とするかどうかは、他の犯罪類型でカバーされている範囲にも依存する。日本についていえば、そのよう

な犯罪類型を導入しなくても、現行法によって悪質な事案は処罰しうる場合が多いと考えられる。

一つの理由は、日本で独自に発展した犯罪類型として、「業務妨害罪」が存在することである。日本の業務妨害罪の淵源は、フランス刑法の影響を受けて旧刑法に存在した業務妨害罪であるが、その範囲はごく狭いものであった。それが、1907年制定の現行刑法典において包括的な条文に変わった。そして、制定時には、「公務執行妨害罪」の対象となる公務は、こちらの「業務妨害罪」の適用を受けないと考えられていたのであるが、その後、判例が変更されて、公務についても広く「業務妨害罪」処罰が及ぶこととなっている[9]。日本法を真似した国には同様の犯罪類型があるかもしれないが、もともとは他の国になかった、日本固有の包括的な犯罪類型である。通常の場合は懲役3年が刑の上限であり、ドイツで新しくできたドーピング罪の自由刑と同じ上限である。日本法の業務妨害罪には、手段として偽計などが含まれており、情報を偽るような行為が手段になりうる。

この業務妨害罪について、判例は「危険犯説」という解釈方法を採っている[10]。すなわち、実害の発生は不要で、妨害行為のみで既遂になるとされているために、かなり摘発例は広くなっている。ごく最近のニュースでは、コンビニエンスストアで販売されている「おでん」に指で触ったという事案や、京都大学の入試でのカンニング事案についても、処罰までには至っていないものの、業務妨害罪で摘発されているということがある。学説においては批判もあるが、実務上は、この犯罪類型はかなり広く適用されているので、判例の立場に従えば、ドーピング規制違反の場合もこれにあたるとされることがあると考えられる。

他にも、組織的な犯罪が典型であるが、様々な罰則があり、刑法以外の法律の中にも、たとえば、不正競争防止法上の外国・国際公務員贈賄罪として、外国でスポーツの仕事を担当している公務員に対する贈賄の罪、あるいは、日本国内であっても、株式会社を対象とする会社法の中の賄賂罪があり、「商業賄賂罪」と呼ばれている。組織的犯罪処罰法の中には、組織的詐欺罪や組織的業務妨害罪が加重類型として設けられており、先ほどの、比較的広く理解されている業務妨害罪が組織的に行われた場合には、懲役5年まで刑が加

重されている。偽計が財産的な利益に結びつく場合は、これよりもさらに法定刑の重い詐欺罪（刑の上限が刑法では懲役 10 年、組織的犯罪処罰法では 20 年）の検討も視野に入ってくることになる。

　また、相対的には軽い犯罪類型ではあるが、検体やそのデータに関する改ざん・毀棄も一般的な犯罪類型で処罰対象となっている。すなわち、刑法典の中に、器物損壊（隠匿を含む）罪、文書および電磁的記録（電子データ）毀棄罪、文書偽造・変造罪、電磁的記録不正作出罪が規定されている。

　さらに、当然のことながら、覚醒罪やコカインなどの麻薬、毒物・劇物に該当する物質については、その取扱いが処罰されている。「医薬品、医療機器等の品質、有効性及び安全性の確保等に関する法律」（旧薬事法）の罰則も適用される。アスリートの欲しない健康被害が出た場合には、刑法上の業務上過失傷害罪となる。

　このように、ドーピング事案の中で悪質な類型については、すでに何らかの既存の刑罰法規を適用しうることが多いと思われる。「ドーピング罪」の新設には慎重な考慮を要する。先に述べたとおり、アスリートはドーピングによって被害者にも加害者にもなりうる立場にある。ドーピングに対しては、すでに国内・国際レベルの民間のスポーツ団体による厳格な制裁が存在しているところに、さらに刑事罰を設ければ、国家の捜査権が介入することでアスリートの人権が脅かされる可能性がある。選手にとり、特定の時期に活動ができないことは致命的である。強制捜査を可能にしても、なお、十分な人権保障と救済が図られるのでなければ、安易な犯罪化はデメリットをもたらすばかりであろう。

おわりに──総括とその先の問題

（１）規制の実効性

　まとめると、もし日本で今後ドーピング規制に関する新しい法制度を作っていくとすれば、そもそも何をどのような考え方に基づいて形にしていくのかを明らかにする必要がある。シンボリックな形で「罰則を作った」と（国際的に）アピールするためにむやみに刑事罰を導入しても、有害無益となっ

てしまう心配がある(11)。
　これは、実体的な規制（犯罪とされるものの定義内容）だけの問題ではなく、手続のあり方にもかかわる。スポーツ法の弁護士の方々からも指摘されていることであるが、実効性の観点からしても、スポーツに関して必ずしも専門性のない警察や検察に「付け焼刃」のような形で、「罰則を導入したので今後はそちらに任せる」とすることは無理である。ドーピング規制をスポーツ団体や行政機関が担当することにすれば、より専門性を獲得しやすいと思われる。たとえば、競争法違反の領域を考えると、公正取引委員会と警察・検察とで、いずれが効果的に制裁を課しうるかは明らかである。いずれの分野においても、警察の権限が入れば、専門性の欠如だけでなく、手続により時間がかかるという問題も生じる。アスリートには時間的な制約があり、「無罪推定」があるとは言っても、迅速な解決は妨げられ、人権が大きく制約されることになる。単に犯罪化して警察を投入すればよいわけではなく、捜査ないし調査のあり方について、実効的な規制を及ぼす観点から包括的な検討が必要であろう。

（2）人体改造の問題
　最後に、従来、スポーツ法の分野ではあまり論じられてきておらず、主として法哲学や生命倫理の専門家によって検討されてきた「人体改造」の問題に触れておきたい(12)。古典的なドーピングは、薬剤の使用によるものであって、尿検査などで検出されていた。しかし、自己の血液の機能を高める「血液ドーピング」や、筋肉を増強する遺伝子治療を悪用する「遺伝子ドーピング」では、物質の検出が困難である。これらの方法の中には、健康被害につながりうるものもあるかもしれない。しかし、必ずしもそうだとはいえない。そうした手段が、仮に、すべての選手が平等の条件で使うことができるものであって、かつ、健康被害がないとしても、無制限な人体改造が許されるわけではないと考えられる。その場合の、ありうる法規制の根拠は、公正な競争の保護でもなければ健康の保護でもないことになる。
　こうした「改造」の中には、一代限りの効果しかない方法と、遺伝的に引き継がれる方法とがありうる。前者の例は筋肉増強であり、これは、従来か

ら存在する、病気の治療のための例外的な投薬許可（TUE、治療使用特例）と、ドーピングとの区別に類似する問題を提起する。

　後者はより高度な考察を要する。たとえば、水かきのある人を「育種」していくことは、ドーピングではなく、それ自体として直接に健康被害をもたらすものではないかもしれない。「自分は手に水かきがあるので、同じように水かきのある人と結婚したい」というカップルの出産が続けば、水かきが発達していくかもしれない。パートナーの選択や出産は個人の自由である。同じ種目の選手同士が結婚・出産して、子も選手になる例は多い。しかし、それと同時に、「遺伝子組み換え人間」の産生は、多くの国々で「優生主義の罪」として犯罪の定義にも含められている[13]。優生主義を処罰する理由は、これが「法の下の平等」という憲法的価値（あるいは、むしろ法秩序の前提）を破壊するからであり、歴史的には、ナチスによる障害者やユダヤ人の虐殺の経験によるものである。しかし、それと同時に、種としてのヒトの存続の保護という観点からしても、「種の多様性」と同じく「種内の多様性」の維持を科学的にも重要だとする余地がある[14]。最近は、デモクラシーの維持のために人の個性が守られる必要があるとする見方もあるそうである。

　「個性の尊重」と、「平等な条件での競争」という、相矛盾する価値をどのように扱うかは、実は、パラリンピックのルール作りにおいて当初から常に検討されてきた事項であろう。同じ観点が、パラリンピック以外でもこれからは一般的に問題となってくるであろうことを指摘したい。

【注】
(1) 本稿は、2016年12月17日の日本スポーツ法学会における報告内容に、おわりに(2)部分を加筆したものである。
(2) 後述のドイツの新ドーピング対策法1条は目的としてインテグリティを挙げる。
(3) 筆者の専門分野は刑事法学であり、従来、国際刑法学会、比較法国際アカデミー、日独法学会などに参加してきたことから、委員となった。その後、ドイツ比較法学会連携会員に選出されている。
(4) 研究成果としての筆者個人の見解は、髙山佳奈子「ドーピングの刑法的規制」法学論叢170巻4・5・6号360-394頁（2012）、同「ドーピングの刑法的規制」服部高宏編『法と倫理のコラボレーション——活気ある社会への規範形成——』高等研報告書1201（国際高等研究所）185-194頁（2013）に公表している。
(5) ドイツにおける議論の最新の検討として、小名木明宏「ドーピングに対する刑事規制に

ついて」北大法学論集67巻5号1-17 (486-470) 頁 (2017)、佐藤拓磨「ドイツの『スポーツにおける反ドーピング法』について」慶應法学37号373頁以下 (2017) がある。

(6) 佐藤（前掲注5）379頁は、ドイツの麻酔剤法（覚醒罪も含む違法ドラッグを広く対象とする）が薬物の自己使用を処罰していないことを背景として指摘している。

(7) フィナステリドという物質は2005年に指定され2009年に対象から外された。他に、ひげの育毛剤の成分で規制の対象となっているものがある。

(8) 規制領域によっては、売春や（日本では処罰規定がないが）有償の代理出産のように、人体を金銭で売買する形態そのものが「人の尊厳に反する」、あるいは少なくとも公序良俗に反するという捉え方がなされているものもある。しかし、人身売買の場合には、就労先の労務の内容自体は違法だとは限らない（たとえば、風俗営業店における接待などはそれ自体としては合法的にも行いうる）ので、違法な「売買」と合法的な「契約」（渡航や就労、あっせん）との間の区別としては、対象者に有効な同意があると考えられるかどうかが重要となろう。

(9) 最決昭和62年3月12日刑集41巻2号140頁は、「本件において妨害の対象となった職務は、新潟県議会総務文教委員会の条例案採決等の事務であり、なんら被告人らに対して強制力を行使する権力的公務ではないのであるから、右職務が威力業務妨害罪にいう『業務』に当たるとした原判断は、正当である」としている。

(10) 最決平成19年7月2日刑集61巻5号379頁、最決昭和59年4月27日刑集38巻6号2584頁など。

(11) これに対し、小名木（前掲注5）16-17頁は、「スポーツが国民の中に浸透しており、しかも、国威発揚として外交問題にまで発展している現代社会では、スポーツの重要性は単なる趣味というカテゴリーを離れた重要な国家的関心事であり、この問題に国家が関与する、すなわち、法律によってドーピングを禁止し、健全なスポーツを実現する意義は非常に大きい」としている。

(12) 髙山佳奈子「法学からの問題提起」第3回日本フンボルト協会関西支部総会シンポジウム『遺伝子編集とドーピングの背景にある人間改造に対する倫理問題』でこの問題に簡単に触れた（動画）。
https://www.youtube.com/watch?v=bAgSN0X3VMw&feature=youtu.be

(13) たとえばフランス刑法214-1条。

(14) この問題は、髙山佳奈子「将来世代の法益と人間の尊厳」『町野朔先生古稀祝賀論文集（上巻）』5頁以下（2014）で簡単に検討した。

【個別報告】

アンチ・ドーピング体制の整備に関する法的課題
—民事法の視点から

棚 村 政 行
（早稲田大学法学学術院）

はじめに——新たな問題と繰り返される問題

　2016年8月、リオ・パラリンピックにロシア選手団の出場を禁止する処分の取り消しをロシア・パラリンピック委員会が求めていたケースで、スポーツ仲裁裁判所（CAS）は、ロシアが国家的なレベルでの組織的ドーピングを行っており、パラリンピック選手の35検体も不正操作の対象となっていて、未だに改善が見られず、国際パラリンピック委員会（IPC）には、選手団資格停止の権限があると申立を棄却した[1]。

　2016年9月、世界アンチ・ドーピング機構（WADA）は、選手のドーピング履歴等を一元的に管理するコンピュータ・システムのADAMSがロシアのハッカー集団で「ファンシー・ベア（Fancy Bears）」に不正にアクセスされたと発表した。当初、サイト上には、アメリカ選手を中心に、女子テニスのウイリアムズ姉妹、体操女子金メダリストのシーモン・バイルス、バスケット女子金メダリストのエレーナ・デレ・ダンの4選手の治療のための使用特例（TUE）やリオでの検査結果など機密情報が掲載された[2]。しかし、その後、日本の女子柔道の松本薫選手のTUE情報も流出させ、10月には、USADAの関係者の電子メールを公表するなど、WADAをサイバー攻撃し、機密情報を不正に流出させている[3]。WADAは、ロシアのスパイの可能性を示唆しているが、ロシア政府は関与を強く否定している[4]。

2016年11月には、ノルウェーのアンチ・ドーピング機関（Norway's Anti-Doping Agency）は、2010年バンクーバー五輪の20キロリレー金メダリストで、ノルディックスキー距離女子のテレーセ・ヨーハウグ選手（28歳）に対して、チームドクターから処方されたリップクリームに、禁止薬物が含まれ、陽性反応が出たとして、10月から14か月間の出場停止処分を勧告した[5]。
　このように、ロシアの組織的ドーピング問題に対して、IOCとIPCで対応が異なり、IFとNF、WADAとNADA等の制裁・処分との関係性、自治や自律性も問われている。サイバー攻撃と関係者の機密情報の保護やセキュリティの問題も深刻である。そこで、本稿では、ドーピングをめぐる新たな問題と繰り返される問題を意識しながら、アンチ・ドーピングをめぐる世界の動きを一瞥し、次いで、WADAやEUでの取組みについて概観した後で、主として民事法の視点から、日本の法整備の課題と今後への若干の展望を行うことにしたいと思う。

ドーピングをめぐる最近の世界の動きから

　2016年11月、WADAは、2015年に世界各地の検査機関で実施された検体数は30万3369検体で、前年より7.1％増え、違反の疑いのあったのは3809検体で、全体の1.26％を占めたと公表した[6]。2016年12月、国際オリンピック委員会（IOC）は、2008年北京五輪と2012年のロンドン五輪で採取したドーピング検体の再検査の結果、陽性が判明したのが101選手、再検査の結果、リオデジャネイロ五輪に出場予定の41選手が出場不可となった。失格となった88選手のうち、27選手がロシアで、それ以外でのベラルーシ、カザフスタンなど旧ソ連圏の違反が少なくなかった。競技別だと、重量挙げ41人、陸上37人、レスリング6人、自転車3人、水泳1人であった[7]。
　2016年10月には、禁止薬物であるメルドニウムを2006年から服用して、同年6月に、ITFから2年間の出場停止処分を受けていた女子テニス界のスーパースターのMaria Sharapovaが処分を争っていたケースで、CASがSharapova側には、主治医の指示にしたがったもので、メルドニウムが禁止薬物に追加されたことも知らず、その使用を隠すことなくオープンにしていた

こととも考慮すると、15か月の出場停止が相当であると処分の軽減を認めた[8]。

2016年10月、WADAのCraig Reedie会長は、東京都内で記者会見し、2020年東京オリンピック・パラリンピックのアンチ・ドーピング体制について「組織委員会は責任を自覚し、熱心に取り組んでいる」と述べて、JADAについても、世界のアンチ・ドーピング機関の中で最も優れた組織のひとつだと高く評価した。また、会長は、安倍首相がアンチ・ドーピング活動を強く支援する姿勢を示していることを歓迎し、WADAの年間予算が3000万ドル（約31億円）と非常に少ないので、日本政府の資金協力を求めるとともに、東京大会に向けたドーピング対策の法整備が進んでいることに賛成する見解を示した[9]。

2016年12月、ＩＰＣ（国際パラリンピック委員会）は、国家ぐるみのロシアのドーピング問題に関して専門家5人から構成される作業部会を設置し、JADAの浅川伸専務理事をメンバーに選出した。この作業部会は、ロシアのパラリンピック委員会がＩＰＣの資格回復の基準を満たしているかどうかを判断するもので、責任者は、イギリスのアンチ・ドーピング機構UKADの元機構長を務めたAndy Parkinson氏が務める[10]。

アンチ・ドーピングに向けた国際的な取組み

2013年11月に、南アフリカのヨハネスブルクで開催された第4回アンチ・ドーピング世界会議（the World Conference on Doping in Sport）では、すべてのクリーンなアスリートを保護し、スポーツ競技会のインテグリティを維持し、かつ公正な競争の場を確保する必要性の強調、スポーツにおける組織的なドーピング犯罪の増加、治療目的でない不法・模造薬物等の多様な薬物の使用、効果的な検査プログラムの開発とともに、ドーピング行為への調査・捜査の強化の必要性、オリンピック・スポーツ・ムーブメントと国内アンチ・ドーピング機関を含む政府関係機関との情報共有の必要性、関係諸機関の緊密な連携の必要性、アンチ・ドーピング活動強化のための科学技術的な調査研究確保のための新しいリソースやパートナーの拡大、アンチ・ドーピング教育の普及、WADA規程の採用、実施、改訂、176か国に及ぶユネスコ国際規約の

締約国の全ての国への拡大等を盛り込むヨハネスブルク宣言（Johannesburg Declaration）という決議文を採択した[11]。

世界アンチ・ドーピング会議は、1999年2月に、第1回がスイスのローザンヌで、第2回は、2003年3月、デンマークのコペンハーゲンで、第3回が2007年11月、スペインのマドリッドで、第4回が南アフリカのヨハネスブルクで開催されており、WADAは、2019年の世界会議の開催を検討している[12]。

2016年11月、ハンガリーのブタペストで、第14回欧州評議会スポーツ担当閣僚会議が開催され、国際的なアンチ・ドーピング体制のインテグリティを脅かす深刻な問題が生じていること、国内レベルでのスポーツとドーピング問題に対する対策の実効性を確保するために、政府がアンチ・ドーピング政策に真剣に取り組む必要性があること、国際的なアンチ・ドーピング機関としてのWADAの役割を再確認すべきこと、欧州評議会とWADAとの間の連携と協力の強化、とくに両組織間での協定書の署名を歓迎すべきこと、アスリート個人の人権を尊重しつつ、アンチ・ドーピング組織は、グッド・ガバナンスと比例原則に従わなければならないことなどを最終決議として採択した[13]。

2016年10月に、世界17か国の国内アンチ・ドーピング機関の幹部が集まったNADO Leaders Summitがドイツのボンで開催された。ここでは、WADAの運営におけるスポーツ団体からの影響力の排除、アンチ・ドーピング体制の再構築、独立検査機関設置の検討にかかわる協議でのスポーツ団体の役割に関するWADA常任理事会とThomas Bach会長との会談の実施、ロシアの国家ぐるみの組織的ドーピングなど不正や腐敗のスポーツからの排除のための明確な制裁規程の検討、アンチ・ドーピング体制の再構築のための教育・財源の確保、インテリジェンスでのスポーツ団体との連携強化、ドーピング調査・捜査、ドーピング検査、結果管理手続についての独立性の確保、Fancy Bears等の一連の問題について、クリーンなアスリートのための環境整備の努力を継続する必要性等について提言された[14]。

WADAの最近の動向と取組み

2016年11月に、スコットランドのグラスゴーで、WADA理事会が開催され、

会長・副会長の人事やコンプライアンス審査委員会（Compliance Review Committee：CRC）の新委員長、新役員・理事・各種委員会委員の承認のほか、不適格認定への段階的制裁、調査・捜査部門の独立性、独立検査機関の設置、不正行為を安心して告発できる包括的な内部通報プログラム、分析機関の認証評価のためのワーキングの設置、ガバナンスに関する作業部会の設置、社会科学研究調査プロジェクト、WADA コードの不適格宣言、スポーツ特定分析のための技術文書（Technical Document for Sport Specific Analysis：TDSSA）の改正、組織的ドーピングで不適格なアンチ・ドーピング機関のある国・地域の選手をオリンピックやパラリンピックに出場停止にできるようなドーピング対策の改革や体制構築を決めた[15]。

2016 年 12 月、WADA は、Richard McLaren 教授によるロシアによる組織的ドーピングに関する最終報告書（Part Ⅱ）を公表した。McLaren 教授は、ロンドンで記者会見を開き、ロシアでは、大半の選手にとり、薬物服用は衣食住や練習と同じく日課になってきたと語った[16]。最終報告書では、第 1 に、ロシアスポーツ省とその背後で、ロシア連邦安全保障局（FSB）とともに、ロシア・アンチ・ドーピング機関（RUSADA）、ロシア代表チームスポーツ支援センター（CSP）、モスクワの分析機関と夏季・冬季のスポーツ選手がドーピング・コントロールを不正に免れるために組織ぐるみの共謀をしていたことを認定した。

ドーピング規制手続を組織的集中的に隠蔽したり逃れる手法は、2012 年のロンドン夏季大会、2013 年のユニバーシアード大会、2013 年の IAAF の世界陸上、2014 年ソチ冬季オリンピックでの使用を通じて進化し洗練された。ソチ五輪で行われたロシア選手の尿検体のすり替えは、ロシアの有力選手を扱うモスクワの分析機関では毎月行われ、さらなる DNA 及び塩基検査等でわかるが、陽性反応隠蔽方法（Disappearing Positive Methodology：DPM）も行われた。調査は、口頭の証拠だけではなく、物的証拠や法医学的犯罪科学的検査によって行われた。夏季、冬季、パラリンピックの 1000 人を超える選手が、ドーピングの陽性検査を隠蔽するための不正行為に関わったり、利益を得たりした[17]。

ロンドン夏季大会で、ロンドンでの紛失リストの 78 人中 15 人のロシア選

手でメダリストが確認された。このうち 10 人はメダルを剥奪されている。モスクワの世界陸上でも、4 人の陸上選手の検体がすり替えられた。ソチ冬季大会でも、検体すり替えが行われたことが証明され、2 人の女性アイスホッケー選手の検体から男性の DNA が検出された。44 の検査された検体から 12 人のメダル獲得選手が、すり替えられた形跡を示す B 検体ボトルの蓋の内側に傷やマークがついていた[18]。

　2017 年 5 月に、IOC の Bach 会長は、スイスのローザンヌで、ロシアのドーピング問題についての独立調査報告書を作成した Richard McLaren 教授と、ＷＡＤＡの Craig Reedie 会長との間で、制裁措置に関する調査報告書のフォローアップに関わる動きへの戦略、より独立し、強固で効果的なアンチ・ドーピング体制について建設的かつ率直な意見交換ができたと述べた。また、ＩＯＣとＷＡＤＡは、McLaren 教授に対して、ロシアのアンチ・ドーピング体制の組織的不正や操作を明らかにする丁寧な作業に多大の感謝を顕すとともに、三者のドーピングに対する闘いでの緊密な連携と、われわれの共通の目標がこのような組織的なドーピングが二度と起こらず、クリーンなアスリートを保護するありとあらゆる努力をすることだと再確認した[19]。

日本の法整備への課題

　2015 年 12 月に、文科副大臣のもとに、アンチ・ドーピング体制の整備に関するタスクフォースが立ち上げられ、2019 年のラグビーワールドカップ東京大会、2020 年の東京オリンピック・パラリンピック大会、最近のロシアの国家ぐるみの組織的ドーピングなどを受けて、2016 年 11 月 8 日、タスクフォースが「アンチ・ドーピング体制の構築・強化について」という報告書をまとめた[20]。

　法的措置検討に当たっての基本的考え方として、国民の健康増進等のスポーツの価値、スポーツのインテグリティ、クリーンなアスリートを保護すること、2019 年、2020 年に向けた体制強化をすること、アスリート・ファースト、スポーツ振興、スポーツの自発性・団体の自律性の尊重等に留意しなければならないとしている[21]。

2011 年のスポーツ基本法 2 条では、スポーツの基本理念として、公正なスポーツの実施の面から、ドーピング防止活動の重要性を謳い、同 29 条で、ユネスコ国際規約に従い、国が日本アンチ・ドーピング機構（Japan Anti-Doping Agency：JADA）と連携を図りつつ、ドーピング検査、防止のための教育・啓発等のドーピング防止活動の実施体制の整備や国際的ドーピング防止機関への支援等の必要な施策を講ずると規定する。

　文科省「スポーツにおけるドーピング防止に関するガイドライン」（大臣決定）を策定し、国内防止機関として JADA を指定し支援をしている。独立行政法人日本スポーツ振興センター法において、スポーツを行う者の権利保護、心身の健康の保持、安全確保に関する業務のほか、スポーツにおけるドーピング防止活動の推進に関する業務及びスポーツに関する活動が公正かつ適切に実施されるようにするための必要な業務を日本スポーツ振興センター（Japan Sport Council：JSC）の業務と定めている（同法 15 条）[22]。

　そのために、関係機関との情報（インテリジェンス）共有体制の整備に関する規定が必要である。英国・オーストラリア等の先進事例にならって、関係省庁、国内関係機関、国際機関との連携強化に基づく、検体分析によらないドーピング防止体制の構築の検討が必要とされている[23]。現行の行政機関の保有する個人情報保護法、独立行政法人の保有する個人情報保護法、民間機関の有する個人情報保護法だけでは、迅速で確実な情報提供を確保できない恐れがあって、法的な手当てが必要であるとする[24]。

　警察等の情報提供の協力を得るためには、2019 年、2020 年の両大会に限っての時限法とし、対象者もこれに参加する選手及びコーチ等に限定したうえで、保護法益も「両大会をクリーンな大会にし、参加するクリーンなアスリートの保護」と明確化すれば、取り締まりや違法行為とすることもできるとしつつも、現行法でどこまでできるか検証すべきであると提言している[25]。

　また、「組織の業務及び役割分担」に関する規定についても、ドーピング防止活動の中心的役割を果たす JSC と JADA の業務のあり方や関係性について、スポーツの多様性やスポーツ団体の特殊性に鑑みて、JADA の民間機関としての自律性、柔軟性を活かしつつ、他方、独立行政法人としての JSC については、ドーピング防止に係る相談窓口や内部通報の窓口等の情報集約機

能、情報収集・分析機能等が期待されるとする[26]。

継続的なドーピング防止活動全体のモニタリング体制の整備としては、JADA非加盟団体にも、JSCとの連携の下にモニタリング活動の拡大していくことが求められる。タスクフォースとしては、JADAについては、民間機関としての自律性や柔軟性のメリットを考慮して、法的位置づけは変えず、JSCと連携して、非加盟団体にも協力してもらう仕組みを作る。他方、独立行政法人であるJSCには、主としてインテリジェンス活動を担わせると提案している[27]。

ドーピングに関する刑罰化に関する規定については、抑止力として必要との指摘もあるが、法的には課題も多く、実務的にも問題があり、今後の検討課題とする[28]。わが国ではドーピング違反率が少なく、スポーツ制裁のほかに、刑罰化の必要性に乏しいという立法事実の欠如、刑罰の補充性、謙抑性の観点から、スポーツ制裁の存在と既存の犯罪類型の活用により、組織犯罪や悪質な行為に十分に対応できるのではないか。トップアスリートの明確化、特定化も困難で、罪刑法定主義や刑罰法規の適正の観点からも、刑罰化は困難である。刑罰の実効性よりスポーツ制裁や検査の質量の拡充による予防や早期対応の強化のほうが実効性があるとする[29]。

その他、ドーピング防止に関する教育・研修推進体制、巧妙化するドーピングを見分ける実効的検査方法の開発、アスリートの負担軽減を図る研究開発、国際的な対応や体制整備の課題も存在するとしている[30]。

おわりに――私見として

日本におけるアンチ・ドーピング法制についての私見としては、基本的に、タスクフォースの報告書の方向性に賛成である。

具体的な論点として、アンチ・ドーピングの目的規定や基本理念を明確に宣言することも求められている。目的規定を入れるとすれば、独・英・豪、ケニアなどの例に倣って、公正なスポーツ、スポーツの精神、クリーンなアスリートの保護、インテグリティ（高潔性:Integrity）などを入れてはどうか、また、基本理念としては、米・英・豪・ニュージーランドなどの先進諸国と同様に、

選手の健康だけでなく、選手のプライバシーや基本的人権に対する配慮を入れることが必要と思われる。

　また、アンチ・ドーピングに関係機関の情報（インテリジェンス）共有・連携協力に関する規定は挿入する必要があるであろう。これを入れることで、既存の個人情報保護法制についてのアンチ・ドーピングのための必要な情報共有を可能とする根拠規定となりうるからである。その場合には、個人情報の提供に関する自治体・民間団体の協力はどこまで具体的に盛り込むことができるかが今後の検討課題となろう。さらにまた、民間機関の協力や協働に関する規定を入れるときには、そもそもスポーツ競技団体など民間組織にどの程度協力や報告・調査など求め得るか、契約や協定にもとづく協力要請なのか、法的な協力義務、努力義務にとどまるのかなどの課題についても詰める必要がある。

　さらに、アンチ・ドーピング関連機関の業務と役割分担と連携に関する規定についても、スポーツ庁、JSC、JADAの業務の範囲の明確化と緊密な連携についての規定を置くべきであろう。JADAは、WADAや国内関係機関との連携で一貫したルールに基づき、検査、教育・研修・啓発、研究開発、調査、国際協力等で実質的な役割を果たし、成果を上げてきた。民間機関としての機動性、柔軟性、弾力性を活かして、巧妙化、複雑化、組織化、多様化するドーピング問題に対して、関係機関をつなぎ・牽引し・調整する役割が期待される。

　また、アンチ・ドーピング体制を推進する基本法には、やはり国は法制上及び財政上の必要な措置をとるということについての明確な規定を置かなければならない。今後のアンチ・ドーピング活動を実効的に推進するためには、さらに細かい法制上の整備及び財政上の措置や基本計画の策定が必要不可欠である。また、ドイツのNADAの報告書にもあるように、期待された役割を果たすためにも人材育成・確保や財政的な支援が必須であり、その場合の国の責務を明記すべきであろう[31]。ドイツでも、スポーツの将来として、ロシアの組織的ドーピングや不正に対してインテグリティや公正でクリーンなスポーツを守るためには、内部通報制度の強化、刑事罰の強化だけでなく、既存のスポーツ制裁や予防・教育・啓発活動、スポーツ競技団体とアスリートとの連携、WADAやEC等を通じての国際協力も必要であるが、そのためにもス

タッフ・人材や財政基盤の充実が不可欠だと説かれていた[32]。日本でも他山の石としなければならない。

　基本的施策として、人材の育成・確保、研究開発の推進、教育・啓発活動の推進、関係機関の連携と協働、情報の利用・共有・管理、国際協力の推進に関する規定も必要である。最後に、日本でも、ドーピングの犯罪化、刑事処罰化は、ますます組織化、国際化、巧妙化するドーピングに対する抑止力としても、また、犯罪の強制捜査や捜索など実効的な調査を可能とする意味でも、公正で信頼できるインテグリティ、クリーンなアスリート、クリーンなスポーツを保護するためにも有効だとの主張もある[33]。また、ドーピング罪という形での刑事罰化していないイギリスでも、最近は、アンチ・ドーピング政策の実効性の強化、ドーピングの抑止力として、強制捜査や警察・検察の活用などのメリットを強調する見解も説かれてないわけでない[34]。

　しかしながら、すでに触れたように、2016年10月に、来日して都内で記者会見したWADAのCraig Reedie会長は、東京大会に向けた法整備の議論が進んでいることに賛意を表しながらも、「違反したアスリートはスポーツ制裁で判断されるべきで、刑事罰を適用すべきでない」との見解を示している[35]。現段階では、アンチ・ドーピング関連の刑罰規定、捜査権、調査権に関する規定については、罪刑法定主義、刑法の謙抑性、スポーツ制裁、行政規制、間接規制（認定制度や補助金配分等）など法的規制の相互関係とその実効性、ガバナンス、モニタリングとの関係でも、なお慎重な検討が必要であろうと思われる[36]。

【注】
(1) Russian Paralympic Committee (RPC) v. International Paralympic Committee (IPC), CAS Case No.2016/A/4745 (23 August 2016). 2016年8月24日付朝日新聞朝刊（東京本社）1頁参照。
(2) See WADA confirms another batch of athlete data leaked by Russian cyber hackers' Fancy Bear' (http://www.addthis.com/bookmark.php?v=300&pubid=ra-532af65b05d02789).
(3) 2016年9月25日付朝日新聞朝刊（東京本社）16頁、2016年9月25日付朝日新聞朝刊（東京本社）16頁 2016年9月25日付朝日新聞朝刊（東京本社）16頁 2016年10月7日付朝日新聞夕刊（東京本社）9頁参照。
(4) 2016年9月15日付朝日新聞朝刊（東京本社）19頁参照。

(5) Anti-Doping Norway extends Johaug's provisional suspension（https://www.yahoo.com/news/anti-doping-norway-extends-johaugs-provisional-suspension）．2016年11月30日付朝日新聞朝刊（東京本社）25頁参照．

(6) *See* WADA Publishes 2015 Anti-Doping Rule Violations Report（http://www.addthis.com/bookmark.php?v=300&pubid=ra-532af65b05d02789）．2016年11月25日付朝日新聞朝刊（東京本社）20頁参照．

(7) *See* IOC Sanctions Four Athletes for Failing Anti-Doping Tests at Beijing 2008 and London 2012（http://www.olympic.org/news/ioc-sanctions-four-athletes-for-failing-anti-doping-tests-at Beijing 2008 and London 2012）．2016年12月8日付朝日新聞夕刊（東京本社）10頁、2016年12月9日付朝日新聞朝刊（東京本社）25頁参照．

(8) Maria Sharapova v.International Tennis Federation,CAS Case No.2016/A/4643（30 September.2016）．2016年10月5日付朝日新聞朝刊（東京本社）25頁参照．

(9) 2016年10月22日付朝日新聞朝刊（東京本社）21頁参照．

(10) IPC announces Taskforce menbers to access RPC progress with reinstatement criteria,08.12.2016（http://www.paralympic.org/.../ipc-announces-taskforce-members-to-access-rpc-progress-with-reintstatement-criteria-08-12-2016）.2016年12月9日付朝日新聞朝刊（東京本社）25頁参照．

(11) WADA, JOHANNESBURG DECLARATION Adopted by the World Conference on Doping in Sport ,Johannesburg, South Africa, 15 November 2013（https://www.wada-ama.org/sites/default/files/resources//JOHANNESBURGDECLARATION-ENG.pdf.）．

(12) WADA, REQUEST FOR EXPRESSIONS OF INTEREST to host the 2019 WORLD CONFERENCE ON DOPING IN SPORT BACKGROUND（https://www.wada-ama.org/.../2019wc_calleois_final_eng.pdf）．なお、JADA『スポーツの未来への投資——クリーンなスポーツ、クリーンなアスリートのために』17～21頁（2015年）に世界会議の変遷や決議の要約が簡潔にまとめられている。

(13) *See* European sports ministers meet in Budapest to tackle doping（http://www.abouthungary.hu/news-in-brief/european-sports-ministers-meet-in-budapest-to-tackle-doping）．

(14) WADA, WADA statement regarding renewed NADO anti-doping reform proposals（http://www.addthis.com/bookmark.php?v=300&pubid=ra-532af65b05d02789）

(15) WADA EXECUTIVE COMMITTEE AND FOUNDATION BOARD MEETINGS
19-20 November 2016 Glasgow, Scotland,UK（https://www.wada-ama.org/sites/default/files/resources/files/summary_notes_-_ec_fb_meeting_-november.2016-glasgow-scotland-uk .）．2016年11月21日付朝日新聞夕刊（東京本社）9頁参照．

(16) 2016年12月10日付朝日新聞朝刊（東京本社）23頁参照．

(17) WADA,RICHARD H. MCLAREN, O.C.
INDEPENDENT PERSON WADA INVESTIGATION OF SOCHI ALLEGATIONS）http://wada.ama.org./en/resources/dopinh-control-process/maclaren-independent-report-into-sochi-allegations-0）．以下、McLaren Report Ⅱと引用する。

(18) See McLaren Report Ⅱ pp.1-32 pp.1-32 なお、石堂典秀「ロシアのドーピング問題から考える，負の遺産としてのドーピング問題」『ロシアの現在——社会的・文化的諸相』（中京大学社会科学研究所研究叢書41）221～252頁（2017年）に、ロシアの組織的ドーピング問題についての詳しい紹介がある。ロシアの組織的ドーピングと勝利至上主義、

WADA体制、CASなどについて論じる論稿として、Lovely Dasgupta,*Russian Twister and the World Anti-Doping Code:Time to Shun the Elitist Paradigm of Anti-Doping Regime*,16 INT. SPORTS LAW J.1-17（2017）、Antonie Duval,*The Russian Doping Scandal at the Court of Arbitration for Sport:Lessons for the World Anti-Doping System*,16 INT. SPORTS LAW J.177-197（2017）以下を参照されたい。
(19) IOC,Joint Statement Following the Meeting of IOC President,Prof.Richard McLaren and WADA President,02 May 2017（https://www.olympic.org/news/joint-statement-following-the-meeting-of-ioc-president-prof-richard-maclaren-wada-president）.
(20) 文部科学省「アンチ・ドーピング体制の構築・強化について―ドーピングのないクリーンなスポーツの実現に向けて―」（報告書）1~23頁（2016年11月8日）（www.mext.go.jp/sports/b_menu/.../1375009_3_2_1.pdf）。以下、「タスクフォース・報告書」として引用する。
(21) タスクフォース・報告書14頁参照。
(22) タスクフォース・報告書15頁参照。
(23) タスクフォース・報告書17頁参照。
(24) タスクフォース・報告書17頁参照。
(25) タスクフォース・報告書18頁参照。
(26) タスクフォース・報告書19頁参照。
(27) タスクフォース・報告書19頁参照。
(28) タスクフォース・報告書21頁参照。
(29) タスクフォース・報告書21～22頁参照。
(30) タスクフォース・報告書20頁参照。
(31) See ＮＡＤＡ,Annual Report 2015―Give Everything,Take Nothing,p.5（www.nada.de/.../NADA_Jahresbericht_2015_englisch.pdf）.
(32) *Id.*at 4-5.
(33) たとえば、小名木明宏「ドーピングに対する刑事規制について」北大法学論集67巻5号486（1）～470（17）頁（2017年）参照。
(34) See Claire Sumner,*The Spirit of Sport:The Case for Criminalisation of Doping in the UK*,16 INT. SPORTS LAW J.217-37（2017）.
(35) 2016年10月22日付朝日新聞朝刊（東京本社）21頁参照。
(36) 髙山佳奈子「ドーピングの刑法的規制」法学論叢170巻4・5・6号360頁以下、390頁（2012年）も、ドーピングの犯罪化はなお慎重な検討を要すると結論づけている。

【個別報告】

規律パネル・規則違反・不服申立の視点から

早 川 吉 尚

（立教大学、瓜生・糸賀法律事務所）

　JADA からも独立した日本アンチ・ドーピング規律パネルが運営されております。法律系の委員と医学系の委員、そして元アスリートあるいはスポーツ団体の委員がいまして、それぞれから選ばれた3名が、例えば陽性反応とか出た時に、JADA が検察官であるとしまして、競技者が被告人の立場に立つとします。検察側である JADA は「こういった違反がある」と言うわけですが、競技者側は反論してまた証拠を出す。それに対して第三者的な立場から判断を下していくというのが規律パネルでございます。私は2006年から委員を務めておりまして、後半半分では委員長を務めております。

日本アンチ・ドーピング規律パネルについて

　日本では今まで81件の規律パネルの判断が出ておりますが、初期の頃は法律系の委員は私しかおりませんでした。今は複数おりますが、そのため全体の7割くらいは私が仲裁判断を書いております。そうとは言っても規律パネルの委員は、常に相互にそれぞれの判断をチェックし合っておりますので、日本における81件は全て目をいつも通しているつもりでいます。また規律パネルが従うものは、基本的には WADA の下で作られて、JADA の下でコピーのようにルール化されている、つまり世界で統一的に運用されている規則でございます。そのため、世界の運用と日本の運用がずれているというこ

とでは困りますので、世界でどのような判断が出されているのか、CASだけではなくて他の国々の判断も常に相互にチェックをし合っています。もちろん日本の規律パネルの判断も一つの例外なく全て英文化されまして、各国のアンチ・ドーピング機構やWADAからチェックされているという形になっているわけでございます。

　私はそういう立場でアンチ・ドーピングの問題について関わらせていただきました。JADAとちょっと立ち位置が違うとしますと、どちらかというと第三者的な立場で、さきほど山崎先生からもご指摘がありましたアスリートの立場から見て、あるいはアンチ・ドーピングの規律という観点からのJADAやWADAの立場から見たところのバランスを取るにはどうするかということをいつも考えてやらせていただいたつもりでおります。そのような観点からこれからちょっと4つのことを申し上げたいと思いますが、1つ目は日本のアンチ・ドーピングあるいはドーピング違反の現状はどうなのかということ、2つ目はそうした現状で国際的には今新しくどういう問題が生じていて、それが日本との関係でどのような問題になるのかということです。そして3つ目は日本においてじゃあその問題にどう対処すべきかという話で、4つ目は先ほどから出ていますが、法律にした時に一体何が求められるのかということになります。

日本アンチ・ドーピング規律パネルの役割の変遷

　最初のまず1つ目でございますが、先ほど、日本での規律パネルの判断が全81件と申し上げましたが、傾向が明らかにございまして、初期の段階それから中期の段階、そして現在というふうに大体3つくらいに期を分けることができると思います。

　まず初期の段階というのはどうだったのかというと、「ドーピングって何ですか」と選手あるいはコーチから言われるといった時代がございました。実は2006年位ですらそうでした。当時の規律パネルの役割というのは非常に牧歌的で、「ドーピング違反という問題がありまして」という風に説明し、「そんなの知りませんよ。知らないからどうしようもないじゃない」「いえ、

知らないことが問題なんです」というところからスタートして、ほとんど半分ぐらい説教のような感じで、最後にはご納得いただいて帰るというのが仕事だった時期があったように思います。

　第2期はどうなんだと申しますと、JADAの検査体制も非常にきっちりしてきまして、いろいろな大会の尿検体の採取数も非常に増えてまいりまして、非常にケースも増えてまいりました。しかし、ケースの大半は、うっかりドーピングというものですね。つまり、「風邪薬を間違えて飲んでしまいました」というような形ですとか、あるいは「エッ、このサプリメントって飲んじゃいけなかったんですか」ということですよね。そういった形で第2期は非常にうっかりドーピングが多くて、当時は2年間が制裁期間の原則ですが、いろいろな減軽がちゃんと決められていますので、6ヵ月ぐらいですかね、3ヵ月ぐらいですかねというような形でそれほど長期的なものじゃなかったということがございました。

　その頃に印象的だったのは、さきほど髙山先生のお話の中でありましたが、フィナステリドという物質がございまして、これが禁止になっている。フィナステリドは様々な使い方をするわけですが、毛生え薬にも使われておりまして、毛生え薬として使っていた人が間違えてドーピング違反を犯してしまったということです。最近ではフィナステリドの中でも、毛生え薬のような形で体内に入ったような場合と、そうじゃない場合とが検査技術の進展によって分かるようになり、その結果として、禁止リストでの位置付けも変わりました。その意味において科学技術の進展というのがこの業界では非常に重要なポイントになっております。ですので、先ほど山崎先生のお話の中で、「昔は見つけられなかったじゃないか。WADAは何をしてるんだ」というお話がありましたが、確かにおっしゃる通りなんですが、その頃の技術では残念ながら見つけられなかったものが今の技術では分かるんですね。そうすると検体を取っておくということが必要になりまして、今は誤魔化せても4年後には誤魔化せなくなるということが起こるということで、だから今は誤魔化せるかもしれないけどやるなよという警告をしているというのが、なぜ過去に遡ってやっているかということの理由ということになるということでございます。ちょっと脱線して恐縮でしたが、第2期というのはそういう時代

でございました。

　その頃にはJADAが例えばスポーツファーマシスト制度というものを用意してくれました。薬剤師の方々にまずドーピングに関しての研修をして、その研修を受けてその知識を得ると、スポーツファーマシストの看板を出せるというわけですね。それによって薬局の方で差別化をするというようなことができまして、選手は「スポーツファーマシストですか」と聞いたり、そのシールかなんか貼ってあるようなところに行けば、安心して、例えば「エフェドリンが入ってない薬はどれですか」と聞けるわけですので、そういうこともあって実はうっかりドーピングはかなり減っております。

　そして今、第3期ということになるわけですが、第三期というのはどうなるかと言いますと、私の目から見ると2つ大きな傾向があります。1つは明らかな悪質事案です。先ほどから日本は検挙数も少ない、あるいは日本は悪質なのがないと言いますが、私はちょっとそこは心配しておりまして、うっかりが少なくなった分、悪質なものが目立つようになってきました。中には規律パネルのヒアリングの会場に現れない人もいらっしゃいます。あるいは話を聞いているととんでもない話なんだなということを、何か後ろにはいろいろなことがあるんだなということを窺わせるような事件というのがございます。日本においてもトップアスリートのレベルではいろいろなことに気をつけていますが、その下、あるいはその下の下のクラスですと、勝利のためだったら別に何飲んでもいいやと考えている人がいないわけじゃないというような感覚を持っております。

　もう一つの傾向というのは、国際化なんですね。例えば日本のチームで働いていたアメリカのアスリート、しかもそれはアメリカではナショナルチームの一員でもあるようなレベルの人、その人がドーピング違反をしました。エクスキューズの中で何が出てくるかというと、「私は日本にいて英語しかできないので、日本でドーピング関係の教育の文書や研修をされても私には何一つ理解できない」というエクスキューズをされた時に、それをどう評価するかという問題が出てくるわけですね。つまり、国際化に対応しなくてはいけないのに、それがなかなか日本のドーピングに関しての教育や研修などでは、できていないところがあったりします。あるいはあるアスリートが海

外でトレーニング中に風邪をひいてしまって地方の薬局に行ったと。そして自分は英語で「この薬大丈夫ですか」と言ったら、向こうは「OK、OK」と答えたけどOKじゃなかった。国際化してくると、ドーピング違反をしたのは仕方がなかったというエクスキューズを許してしまうようなもの、あるいは言語の問題等で思わぬドーピング違反をしてしまうようなものというのが出てまいりまして、この辺が最近の一つの大きな傾向かなと思っております。

海外での事例―スペイン・プエトロ事件

　国際的な動向ということですが、先ほど、国際的な要素というのがわが国の事案でも増えてきたと言いました。これはもちろんグローバル化がこの何年かどんどん進展していることの一つの現れであり、それはいろいろなスポーツ団体ですとか、大学や高校における外国人選手の存在にも現れています。そういった中で我々としても外国でどういうような動きがあるかということについてはチェックしています。その中で非常に重要なのは、尿の採取だけでは違反しているかどうか分からないようなやり方のドーピングが非常に巧妙に出てきているということです。しかもそれが組織だって、あるいはチームごとあるいは業界ごとに組織的にやられているということでございます。

　例えば、既にヨーロッパではそういった現象は20年ほど前から起きております。スペインの警察が10年前に行いましたプエトロ・プロジェクト、プエトロというのは隠れ家という意味らしいんですが、公衆衛生の罪でスペインの警察がずっといろいろな情報を集めまして、どうもあそこのところで血液ドーピングしてEPO、即ち人為的に赤血球を増やした血液を自分の血液によって作って、それを試合前とかに注入してそのことによって競技力が遥かに出ると。アテネオリンピックの金メダリストの方も後に違反が発覚して剥奪されたわけですが、1ヵ月前までは全く相手にできなかったトップアスリートと1ヵ月でそのレベルまで到達できたというような非常に強力な薬なわけですよね。これを使うというのは自らの血液を採り出して、その血漿の中にこのEPOを注入して人為的にその血液を増やし、それを再注入する

というようなことですので、どこかに自分の血を採ってそれを育てているラボみたいなのが必要なわけですね。そのラボ、隠れ家を発見して血漿を押収するという事件なんですね。そうしたところ、血漿ナンバー1番、2番、3番、4番、5番って出てくるわけですが、もちろんそれは名前書いていません。ただ番号つけてないと誰に戻していいか分からないので番号ついているわけですよね。その番号とどのトップアスリートが一致しているかというのをドイツ当局、それからイタリア当局、スペイン当局の協力のもと、採取されたDNAと照合したところ、ドイツのトップアスリート、その中にはツールドフランスの優勝者の人もいたわけですが、イタリアであるいはスペインで国際的な協力をして、初めて尿検体なら検出できないようなものが検出できたということになっているわけです。

つまり、インテリジェンスに対する体制ができているかどうか、具体的には入管や税関のところにおける情報、さらにはそれによってこの物質がどうもこの部屋に送られて、じゃあこの部屋の中でどうも何か行われている、もちろんドア開けてくれとピンポン押しても開けないです。そうするとそこで捜索差し押さえという形でボルトカッターでチェーンを切って中に入り、血漿バッグを押収することができる体制がないと、実はある一定の類型のドーピング行為を摘発できない状況になっております。そのために各国では法律化がなされているということになります。

インテリジェンスを実現するための体制

今回立法化がなぜ必要なのかということ、あるいはなぜIOCのバッハ会長がちゃんとドーピングに関する法律を作ってくれと言っているかというと、それを作らないとインテリジェンスという方法によってドーピング違反というものを摘発できないという現実があるからです。この現実のもとで、もし日本で立法化ができないと相当数のドーピングが見逃され、しかしそれが何年後かに新しい技術の進展によって発覚すると、日本は実はドーピング天国だったと言われてしまう。日本がドーピングをされ放題ということはどういうことかというと、日本での記録は全部抹消されるということですから、

大会を開いた意味がないということになりますので、スタジアムは立派だけれども、記録を取ってもその記録は後で抹消されるようなものなんだからそんな国では開けないねということで、もう二度と大会は日本で開くべきではないという議論につながりかねない問題だと認識しております。逆に言うと、今インテリジェンスを可能にする体制が法律の力によって作れれば、そういった誹りは免れるということなんじゃないかと思いまして、その一点だけが今回の立法化に対する興味ということになります。

　こういう議論をしますと、「日本ではそれだけのことが行われているんでしょうか。何か証拠を出してみろ」と言われることがあるんですが、出せないんですよ。なぜかというと、今、日本ではインテリジェンスが行われていない、インテリジェンスを実現するための体制が整えられていないから、つまり法律がないからですね。怪しいと思ったとしてもその怪しいと思った現場に行って、「このドアを開けなさい」とか、「このバッグの中を開けなさい」と言っても開けなければそれで終わりです。開けさせることができない。あるいは税関で、明らかにいろいろな事情から見るとこれはドーピングに使われるだろうと思って、それに関する情報を税関にくださいと言っても税関は個人情報だからくれないわけですね。そうすると情報を貰えるような体制をとらなくちゃいけないわけですが、それがないっていうことですね。そうすると先ほど境田先生がおっしゃられた刑罰化はいらないけど、違法化はいるでしょうと。つまり、法律に違反しない限り税関はそれをチェックしませんし、入管の方でもデータくれと言っても個人情報だからくれませんし、あるいは、捜索差し押さえの時に、なぜボルトカッターで切ってでも中に入れるかというと、それが違法な行為がなされている恐れがあるからです。

　しかし現在はドーピングについては契約ベースで、この大会に出たいならこのリストに載っている物質みたいなものは使っちゃいけませんよ、使ったらもう二度と、もしくは4年間は大会に出られませんよ、あるいはその金メダル剥奪しますよ、というような制裁のもとだけでやっている。その意味でどうやってそこを捕捉するかというところが多分今の立法化に関する問題だという認識をしております。

　それから日本の中では今、先ほど規律パネルの事案の中にはちょっと怪し

いものが出てきているというふうに申し上げましたが、仮に日本で非常に健全になされたとしても、オリンピックですとか、その前のラグビーワールドカップとなりますと、私、国際の方のラグビーの規律パネルの委員もやっていまして、8件ほどトップアスリートのための判断を書いていますが、あちらでもステロイドやその他の違反行為が多いのは残念ながら事実でございます。そういった国際大会が日本で開かれるということはどういうことかというと、中には一定の割合でそういったことをやっているトップアスリートもやってくる可能性があり、それをバックアップするドクターがやって来て、その人たちが何かをするかもしれないけど、我々は手をこまねいて見ているしかないというのが今の状況なんですね。ここを何とかしないと多分東京オリンピックは成功しないし、その前のラグビーワールドカップも成功しないんじゃないかという恐れがあります。

　最後でございますが、私は今までの先生方のお話のように、ドーピングを刑事罰にすることは必ずしも必要ないと思います。逆に言えば、今の契約ベースにおけるWADA体制のもとでもかなりうまくいってはいますが、そこでは捕捉できないようなものがあります。そうすると、手続的にやはり入管から情報を取る、税関から情報を取る、あるいは捜索差し押さえを可能にするというような態勢をするための法制度作りというのをぜひ実現していただければと思っております。時間になりました。どうもありがとうございました。

【パネルディスカッション】

アンチ・ドーピング体制の整備に関する法的課題

パネリスト：馳　　浩（衆議院議員、前文部科学大臣）
　　　　　　浅川　伸（日本アンチ・ドーピング機構専務理事）
　　　　　　宍戸　常寿（東京大学大学院）
　　　　　　髙山　佳奈子（京都大学法科大学院）
　　　　　　棚村　政行（早稲田大学法学学術院）
　　　　　　早川　吉尚（立教大学、瓜生・糸賀法律事務所）
　　　　　　山崎　卓也（Field-R 法律事務所）

モデレーター：境田　正樹（東京大学理事、四谷番町法律事務所）
　　　　　　　齋藤　健司（筑波大学）

■第一部■

馳　ドーピングに関しては、スポーツ基本法29条、独立行政法人日本スポーツ振興センター法15条6号で、きちっと関係機関連携して取り組みなさいという理念的なことは定めてありますよね。しかし、何で今このことが課題に上ってきたかという社会的背景を考えれば、ラグビーワールドカップ2019と東京2020オリンピック・パラリンピックを前にして今の体制で大丈夫なのかということからでしょう。防止のためにちゃんと国費も使いなさいよ、足りなければtotoも使いなさいよ、組織委員会もちょっとスポンサーからも資金を集めて、責任を持って対応できる体制をとっておきなさいよということが急浮上してきた立法化の背景です。特別の措置法として、2019と2020

のためだけに体制を作って、理念や目的、指針などを作って、こういう体制でやりましょう、ということがあったら、本来私たちが求めている内容にはできないのではないのかな。私は2019と2020を迎える時の体制整備に、こういう理念があるのだからと言って財務省の主計局がちゃんと予算をつけてくれるような、そういう根拠法にしたらいいと考えております。

また、国内法として整備した場合、その国内法が海外からやってくる選手に効力が及ぶのかどうか、2019や2020にいろいろなことが起きると思うのですよ。その元の情報がIOCの総会とかIPCの総会でできれば活用されるような連携があっていいと思うんですよね。

髙山 外国で行われた行為について、日本に証人が逃げてきたとか証拠が流れたとかいう時に、日本で手続ができるかということと、逆に日本で行われた行為の後にその証拠や人が外国に行ってしまったような場合と、両方考えられると思うんです。これは立法すれば両方手続ができて、外国の担当機関との間の連携が重要になります。重要な犯罪類型についてはもとから海外とも協力関係にありましたが、比較的軽い犯罪でも国外犯処罰の条文というのがありまして、立法できちんと条文を設ければ制度的に十分可能だと思います。

馳 いわゆる外交上の相互主義というじゃないですか、お互い様ということですね。私は、個人的にはドイツみたいな厳しい法律を作るつもりは全く無いんですよ。だけど、日本にもこういう法律があって、日本に行ってこんなことをしたら、こういう情報を握られて、その情報が正しく相互主義で国際的な機関にも流れるというふうにしといた方がいいと思う。

髙山 馳先生がおっしゃることをできるようにするためには犯罪の範囲を広げるということは必ずしもいらなくて、制度として整えていくことで十分対応できると思います。例えば、今、知的財産権の法律の分野では、模造品などの取り締まりを水際で行っていまして、これは犯罪として扱われている対象に当たっていなくても、税関などに特別の権限を持たせてそれを実際

妨害するような行為があれば、それに対して処罰を設けるということも可能です。

馳　じゃあ、わが国で、アンチ・ドーピングに関するけしからん様々な情報があったとして、例えばWADAであったりWADAに関係する機関であったり、IOCであったり、そういった情報は当然共有されるというふうにしておけばいいということですか。

髙山　最終的に刑事手続になる可能性がある場合には、その範囲での憲法的な保障があって、例えば黙秘権とか、そういう基本的な保障がありますが、情報交換などはきちんと予め制度を整えることによってかなり広く対応可能ではないかと思います。

宍戸　少し補足して説明したいと思いますが、違法化と情報の取得を対応させること、違法な行為かどうかということとは別に、情報の適正な流れを法律上整備することもできると思います。

馳　その程度のことはできた方がいいんでしょう。浅川さん。

浅川　当然その辺りができているということが期待値の前提になっています。現在ですと、JADAでは何にもできません。行政機関が持っている情報を直接私が名刺を渡して「是非お願いします」と言っても誰も相手にしてくれません。

宍戸　警察なり入管なりからすれば、JSCは独立行政法人ですので、情報を渡すハードルは比較的低いですね。
　また、違法化するかどうかとは別に、今のような関係機関の間で知り得た情報を適正に、太く流れていくような仕組みを作っていくためには、各団体間の連携をサポートする法律の仕組みが必要です。さらに、典型的には警察の捜査ですが、違法な行為を摘発するための行政の立ち入り調査といった、

最も強力な国家権力の発動という形で情報を取り、その情報を適正に流していくことについてのハードルをどうやってクリアするかが、もう一つ問題になると思います。

馳 警察官職務執行法を使って立ち入り調査までとか、あるいは職員の援助活動をするために警察との連携、そこまで入れた方がいいのかな。

早川 私は入れた方がいいと思います。悪質なものほど見逃されるということになりかねないと思います。

馳 ここは特に今日のポイントだと思いますが、実際に警察が、あるいは税関の職員が踏み込めるのが税務調査であったり、災害の時に命を守ることであったり、警察官職務執行法で非常事態であったり、最近あるのは、児童虐待防止法で資料を持って警察官が福祉職員とともに踏み込むとか、非常に限定されていますよね。そうすると極めて限定された、ましてや住居不可侵に関わるようなことをする、そこまでのことなのかなあと思われないかな。

浅川 過去のオリンピックの事例をご紹介申し上げた方が多分説得力が高いと思います。2006年トリノオリンピックのオーストリア・クロスカントリースキーチームのドーピング事例をジャック・ロゲ前会長は再三にわたって事例として紹介しています。どういうことだったかというと、まさに早川先生からご指摘のあった悪質なものでして、オーストリアのスキーチームに、ADカードを持たないチーム外のドクターが血液ドーピングの指南役として帯同しておりました。このドクターは、国際スキー連盟とWADAから要注意対象者として認識されていて、この人がパスポートコントロールを通ったという情報が、WADA及びIOCには伝わりました。オーストリアのクロスカントリースキーチームが、そのドクターにより、オリンピックビレッジの外で血液ドーピングを受けている可能性があるという情報を掴んだイタリアのアンチ・ドーピング機関、それから警察と連動して、警察を伴って現場に踏み込みました。実際何があったかというと、踏み込まれた時に慌てて雪の

上に窓から血液バッグをボンボン投げて、「私たちは何もしてない」という体を取ったんですが、当然そこに落ちたものを拾えば分かるので、DNA照合をして選手が血液ドーピング違反をしていたということが分かって、オーストリアのクロスカントリースキーチームが失格となり、オーストリアのNOCに対する厳重処罰が下ったということが起こっています。その事例がその後に、IOCのメディカル及びアンチ・ドーピングの部局においては、一つのシンボリックな事例として扱われており、この種の事例を何とか捕捉する対応が必要ということが繰り返し指摘されています。

早川　私から、2つ申し上げたいんですけど、誰がこの違法な薬物をその選手なり選手の背後にいる医師に提供しているのかですよね。違法な薬物はいわゆる闇の違法ドラッグと同じようなルートで流れているわけですよ。この違法な薬物を販売して儲けている業者がいて、非常に大きなブラックマーケットがある。スポーツの世界はビジネスとして巨大なお金が動くようになっていますし、どんなスポーツでも、全部賭けの対象になるわけです。ですので、誰が勝つか負けるかというのはその選手だけの名誉の話ではなくなっているのです。そうすると勝たせるためには何でもしようという人もいて、それを助ける人がいて、それを支えるマーケットがあるわけですね。このマーケットを潰すというのが究極的には目的で、これを規制する手段がないということは、ある種、闇の存在の方々ですね、日本でいったら暴力団と言ってもいいかもしれませんが、そういった方々を許す、そこにつながる話だというのが1つです。

　2つ目は例えばNHKのドキュメンタリー番組程度のものでも既に様々な選手が言っていますが、安易な気持ちでドーピングに手を出した選手に次に何が待っているかというと、違法な薬物を売った人は知っているわけですから、「あなたこれを買ったことバラしますよ。金メダルなくなりますよ」ということになると、その選手は次にもっと危険なドラッグを使う、あるいは今度八百長をしろという時にそれに逆らえなくなるんですね。そうすると、本当の八百長ですよね。それによってブックメイクで絶対勝つだろうということによって大きなお金がまた動くわけですよね。それでまた儲けるような産

業がある。いろいろなドーピングに手を染めた選手たちが今それを告発したり、あるいは告白しているような現象があります。これをやはり我々は認識しておくべきだと思います。

浅川　私からは情報提供でございます。2013年5月にユネスコの主催でMINESP Vという、いわゆる政府におけるスポーツ担当大臣及び高級官僚会議というのがベルリンで開かれました。その際に3つのテーマが議論されて、そのうちの1つがスポーツインテグリティでした。スポーツ大臣は各国の事情に合わせたアクションを取るべきだということが宣言文中で言及があります。その宣言文の中には国際犯罪組織の財源になっているとかという言及がまさに明確に書かれています。

山崎　この本質こそが関係者全員が理解すべき構造的問題点だと思うんですよね。今立法に向けた努力というのは、大きなスポーツイベントを開催しなければならないというところの要請との関係で対応しなきゃいけない。今日出た意見は、インテリジェンスの部分は必要ですよねというお話はその通りだと思うんですが、まず現在WADA規定というのは世界的に存在していて、それが構造的な問題点があるという前提で考えた場合に、果たして今のままでいいのかと。WADA規定のあり方について日本サイドからどのような提言をしていくかということもやはり考えられなければならないのかなと思います。WADAがこう言っているんだからしょうがないとか、結局ヨーロッパの人たち中心に決められたことをやるしかないんだよというのを、そういう大前提を作らずにじゃあこのドーピング規定というのは、WADAの規定のあり方も含めてどうあるべきなのかを全員が考えなければいけない部分なんじゃないかなと思うんですよね。ですので、そういう組織的犯罪、構造的な、それに提供している売人、組織、そういうところにリーチする、アプローチする方法というのも考えられなければならない。

棚村　日本の一番の問題は関係機関の連携が悪くて縦割り行政になっているんですよね。そして責任の所在が非常に不明確になって、たらい回しにな

りやすい点です。それをどのようにして、どのタイミングでやるか、先ほどちょっと言いました発見、通報、調査、それから場合によってアスリートは加害者も被害者もそうですが、保護しなきゃいけない場合が出てきます。組織犯罪のターゲットになっている可能性もあるわけですし。そしてどういうペナルティを与えるかという問題と、どう支援して再発防止にどんなケアや教育をしていくかという、そういう流れがあるわけですね。その流れの中でどの機関がどんな問題に対してどんな役割を果たしてどんな関係する機関が連携するかというので、必ずしもドーピング自体を犯罪にする必要はないのではないか、既存の犯罪類型になるような組織犯罪とか、悪質なものについては警察の協力は求められるんですよね。それをちゃんと条文に書き込んでおけば協力要請ができます。かつてはかなり難しかったんですけどね。そういう意味では私自身はうっかりのドーピングから非常に悪質なしかも巧妙になっている、それから背後に犯罪組織か何かいろんなものがある、それを一律に同じようにはできないわけで、そのレベルに応じて刑事的な制裁もあるいは規制も必要だし、警察の協力も必要だと思います。どうやってスクリーニングをして、情報を得て、関係機関が協力をして最後にはそれに基づいた適切なペナルティなり制裁を課していくか。そういう意味ではスポーツ制裁というものもあるし、刑事制裁もあれば、行政機関の立ち入りとか、様々な形で情報収集をしてやれるわけですよね。そういう意味では民と官とそれから司法とか行政とかいろいろな機関がタイアップしていくための法の枠組みを第一に作らなきゃいけない。その後役割分担がある程度明確になったらそれを促進するものを作った上で、最終的にはその捜査とか刑事罰の対象にしなきゃいけない組織的なものとか悪質なものについてはどうやるか、警察の協力とかそういうものについては、犯罪に関連しては現行法でもできますが、縦割りのためにやらないので、根拠規定はやっぱり置かないといけないですね。ですからドーピングが違法であって、しかも犯罪に関わる場合には警察の協力が必要だという規定は置いた方がいいと思います。

早川　この問題について解決しようとする時、今回スポーツ議員連盟が動いてくださいましたので、議員立法という形を取れました。民がどこまでやれ

て、官がどこに任せるのか、これは、何をJADAにやらせて、何をJSCにやらせるべきかというところでかなり議論を詰めましたので、ぜひ報告書の方をお読みいただければありがたいと思います。

馳 スポーツ庁が主導権を握ってこのアンチ・ドーピングをやろうとすればするほど、「勝手にやれよ」という空気はあるんですよ。けれどもそうではなく、アンチ・ドーピングというのは国際的に見ても、IOCはお目こぼしをしましたがIPCは絶対に許さなかった。WADAは報告書に基づいてIOCとIPCがあれだけの違いをしたということは非常に恥ずかしいこととして体質が浮き彫りになったわけじゃないですか。そして、IOCの体質やIPCはさすがだなというふうな評価も受けました。我々は2019年と2020年を迎えるに当たってやはり、アンチ・ドーピングについてのルールは国際的にもリンクできる、通用するというとちょっと語弊がありますが、国際機関とも連携できるものとして、ましてわが国はバッハ会長と安倍首相が約束したんだから、政府全体において対応できるという仕掛けをするならば、やっぱり要保護アスリート対策連絡協議会なるものも法律上位置づけておいて、連絡協議会の中には、もちろんアンチ・ドーピング法だから所管はスポーツ庁というか、文部科学省なんだけど、必ずメンバーに研究者や司法関係者、医療関係者、団体代表、スポーツ団体代表とか、当然、スポーツファーマシストも入ってもらう。そして、ある意味国内的な事案が持ち込まれた場合には、そこで守秘義務を掛けておいて事案を取り扱う。その事案においてオーソライズされた要保護アスリート連絡協議会のようなところからの情報については、WADA、あるいはWADAが設置した第三者的な組織と共有できるようにしておけばシステムは動くんじゃないのかなあと。

境田 根本的な問題は、ドーピングをまず違法にしよう、刑事罰まではハードルは高いので、違法にしようとなった場合、違法として調査となると、その対象者にとっては人権が侵害されるわけですよね、だからやっぱりそこもある程度何が違法かを明確にしなきゃいけません。

　アンチ・ドーピングというのは定義で書いたとしても、そもそも対象とな

るアスリートが大会ごとに変わったり毎年変わったり、一切大会に出ていない限りはこの対象外なわけですよね。そうなるとあまねく国民一般をドーピングで取り締まる可能性があるわけですよね。ですからそこの対象者を明確にするとか、そこの関わり方を明確にするっていう、そこの明確化がどこまで今の法体系の中でできるのかがポイントなんです。

髙山　2つ思った点があるのですが、まずドーピングが非常に重大な問題になっているということは、共通認識化されていて、他の類型と比べても決して軽微な問題点とは言えないんですよね。国際性とか規模とか、あるいは健康にも関わり得るということでの重大性はかなり認められると思います。必要性は十分認められていると思うので、警察が連携するということの理由は十分成り立ち得るかなと思うんです。そうすると行政調査を設けるということも理屈としては成り立ち得るし、他の領域とのバランスを失することにもならないのではないかと思いました。

　それから刑法そのものですが、選手が食い物にされていて、事実上抜けられないような状態になっているという場合は、悪質な類型の1つだと思いますが、日本の法では強要罪という犯罪類型がありまして、脅迫を手段として義務のないことを行わせますと成立します。未遂処罰規定もあって、罰則も最高刑が懲役3年、もしそれの嫌疑があるなら初めから警察が犯罪の疑いを根拠に入っていくことができるようなパターンの事件もあるかと思います。

早川　よくあるケースが、例えば自転車なんかですと、チームでリレーしていくわけなので、1人でも遅いと負けちゃうわけですよね。そうするとチームとしてみんながドーピングをやり出すわけですよ。1人やらないと他の選手との関係が悪くなるので仕方なくやっていますが、そのうちドンドン自分の健康が害されるということが、自分でもよく分かるし、でも抜けられなくなってしまう。そのような時に、最後には告白とかでは誰か俺を捕まえてくれというようなところまでいっていますが、実際捕まりたくないですから苦しんでいるみたいなケースというのはよく聞くんですが、これは許容される

でしょうか。

髙山 伝統的な判例の中に出てきていない事案なので心理的な圧迫の程度がどの程度なのかということが実際には重要になってくると思うんですね。

早川 ただそれが特定の人に言われているわけじゃなくて、みんなで監視し合っているような時なんですよね。

髙山 それはその方が加害者でもあり被害者でもあるということでしょうか。背後の組織が一番悪の親玉だとすると、そういうところを中心として摘発するということが考えられると思います。

馳 先生方の話を聞いていて難しいなと思いましたね。わが国において、立法にアンチ・ドーピングが入る時に、脱法ドラッグのような問題を一つひとつ引き合いに出さないと立法事実の話はもちろん言われると思いますし、社会一般に何でアンチ・ドーピングにそんなに厳しい法律を作るの、という世論が蔓延しそうな怖さがあるんですよね。どういうふうに分かりやすく世論に伝えていくかという一つの仕掛けというか、工夫も必要なんじゃないかなと思うんですよね。

山崎 さきほど境田先生がおっしゃったドーピング行為ってそれこそ居場所情報提供義務違反とか、こういうのもドーピング行為となるわけですし、WADAが決めているドーピング規定違反行為というものが全部違反になるということ自体も問題なわけですから、そこは一つひとつ検証していかなきゃいけないという問題は当然ありますよね。どこまでが違法とされるべき行為なのかという検証が必要です。

早川 全てを同じようにやる必要性は全くないと思います。例えば、オリパラ2020に参加する人はもうリストアップされていますので、大会が始まる前に、「その人たちが対象になるんです」と言うと国民的には納得すると思

います。ただ、ラグビーワールドカップ2019もやるのか、オリンピックが終わったら合法になるのかとなるので、そうするとじゃあ違法というのは貫きながらもその対象を明確にする法的技術ですよね、それをどうするかが問題になります。これに関して、例えば一つのアイデアとしては、この大会の参加者についてはこの法律は対象になりますと定義して、限定化するけれども、しかし違法であるという宣言はしておくということもあり得るんじゃないかと思います。

馳 実は法制局とはそこは詰めておりまして、「一般法の中に特措法的な内容を盛り込んだ法律の作り方は大丈夫なの」と聞いたら、法制局は「ＯＫ」と言いました。ですので、国際大会を開催する時にはわが国は特別の体制で財政措置も税制措置もしなきゃいかんよという組み立て方をして、もどかしい点は附則で数年後の見直しに盛り込んでおいたらどうかなあと考えておりますがいかがでしょうか。

宍戸 馳先生がおっしゃったことは、法律の作りとしては可能だと思います。国際関係、あるいは国内の官も民も、また官の中の様々な機関など全体を見通して、できるだけ民の方の自主性を尊重しつつ、それぞれが連携をしっかりできる法律の体系を作るべきだと思います。けれども、ここで問題になっている「立法事実」は、普通の立法事実よりは強いものであることを証明しないと、ハードルがクリアできないという問題があります。ある大会の時にアスリートが悪いことをするか、悪いことに巻き込まれるのをどうしても国家として防ぎたいという要請がまずあって、そのために刑罰を設ける、あるいは違法化するというように、目的と手段をはっきりさせる。何が目的で国家権力を発動するのか、何が手段なのかを整理しないで、とにかくアンチ・ドーピングを違法化しよう、その違法化する中でどの範囲を選ぼうという発想だと、立法事実がかなり立てにくいのではないかと思います。

早川 立法事実というのが、非常に難しいなと思いました。これまで日本が経験したことのないような形であるがゆえに難しいと思います。一つはグ

ローバル化の影響だと思います。スポーツが国境を超えて盛んに、しかも同じ基準でやろうということになってくると、どうしてもどこの国でも同じ結果あるいは同じ環境でしなくちゃいけないというところがあって、日本においてもちゃんとドーピングに対しての規律体制というのを整えてくれないと、そこの記録、信用はできませんし、他の国とも競争はできませんということなので、それが一つのニーズとして出てきているわけですよね。

　日本においてどれだけそんな人がいますかというような話よりも、外国公務員への贈賄の話と同じように考えられないかなというところを先生の説明を聞いてヒントをいただいたような気がしました。

宍戸　一般に「グローバル行政法」の問題として議論されている論点です。今までは国際公益に対して、最近ではスポーツでも、環境問題もそうですが、各国がそれぞれの国内法の仕組みをハーモナイズさせながらどうやって対応していくかは、非常に難しいけれどもやりがいのある議論です。弁護士の方々に加え、特に行政法や国際法の研究者の知見も必要な問題だと思います。

早川　外国でいかに積極的に取り込まなければならない問題として考えられているかといえば、例えばアンチ・ドーピング関係について欧州評議会では、定期的に欧州の内部で対応に当たっている官庁の方々が会議をしています。日本からもオブザーバーで定期的に出ています。驚いたのは、日本におけるアンチ・ドーピングに対する認識とは遥かに違う点です。「いやもう本当に困っているんです」というような立法事実が各国にあって、しかしその人たちが日本にやってくるっていうのがまさにここでの問題なので、欧州評議会での議論がどうなっているかは、グローバルなレベルで立法事実を拾うべきではないかと思いました。

齋藤　ありがとうございました。本当は私もいろいろ言いたいのですが休みに入りたいと思います。17時10分になりましたら再開いたします。フロアとの議論も今度はできるようにしたいと思いますのでよろしくお願いいたします。休憩に入ります。

■第二部■

今泉　アンチ・ドーピングのモニタリングの仕組みは、これまでわが国においても民の中で行われてきましたし、WADA自体がそもそも民の仕組みで、世界アンチ・ドーピング規定自体も民の形です。それを各国が民のシステムでモニタリングしてきているわけでございます。それはこのアンチ・ドーピングのモニタリングの仕組みで、その中で確かに公権力で民の仕組みだけでは限界があるので、公権力が出ていかなくちゃいけない部分というのが確かにあって、それがドーピング検査だけではモニタリングできない部分があるということは、それもその通りだと思います。そこについてはさきほどインテリジェンスの連携の話がありましたが、例えば税関入管警察が持っている情報を流通させて民に受け渡すことでその民の行うモニタリングの仕組みをより強化する。そういう意味では公が出ていかなくちゃいけない部分があり、そこの部分についてうまく機能ができるようなシステム作りと、ただシステムを作るだけでは駄目なので、その中身の部分まできちんと受け渡しができるような違法化が必要だろうと思います。ただもう一つの次元がございまして、立ち入り検査の部分です。この立ち入り検査をすること、いわゆる公権力の行使の部分で公が持っている情報を受け渡すために行う仕組みとしてのものと、それとは明らかに次元の違う、いわゆる公権力を行使しなければ押さえられないようなこと、これについて果たしてどこまでやるのか、これは本当に難しい問題で、元々民の仕組みをどこまでそこに公権力が行使して強制力を持たせていくのか、それを行うためには当然ながらどういう事実なのか、公権力で行使して憲法で認められている基本的人権やそういうものを制限しなければいけない部分はどの部分なのかはやはりきちんとした事実の下に判断しないとその公権力の行使の部分は作れませんし、それを例えば外国の事例を持ってきてそれを日本に適用して日本の公権力の行使を広げてしまうと本当にそれが日本の法制度にとっていいのかどうか、国民の権利義務の関係でいいのかどうかという問題がございます。例えば、既存の刑事罰に当たるようなものであれば、それは現在でもその警察を使って取り締まるこ

とはできますので、そこまで重篤なものであれば別にそのアンチ・ドーピングで新たな公権力の行使の仕組みを設けずとも、既存の仕組みを設ければいいので、果たしてアンチ・ドーピングで設けなければならない強制力のある公権力の行使、そのための事案は何なのかということです。話は２つ次元があって、１つ目のその民の活動をそもそも、民の活動であるものをどう公が支援していくのか、正に違法化とインテリジェンスの連携の仕組みを検討したいと思います。もう一つの強制力のある立ち入り、非常に難しい問題ですので具体的な事例を見ながら、また既存の仕組みの中でどこまで対応できないのかっていうのを判断しながら、検討したい。

宍戸　議論の前提になることを１点確認させていただきたいと思います。普通、「違法」となる場合には、具体的な法益ないし目的との関係で、具体的な特定の行為に対して何らかの国家的な制裁が伴うものを指すことが多いと思います。これに対して、インテリジェンス活動のために情報を流通させたいという文脈での「違法化」は、もう少し広く、一般に責務規定とか、責務規範の問題であって、それは別に違法化という必要はないのではないか。今まで存在しない、特定のドーピングに関わる行為で国家的制裁、捜査ないし公権力の発動が返ってくるようなものに限って違法化と言えばよくて、その点を仕分けしておかないと議論が混乱するように思います。

早川　この法律で求められているのは、公的強制機関間の情報の交換ができるようにすること、そしてその一部は民にもちゃんと届くようにというところの体制をどうするか、他方で捜索差し押さえ権限のようなものも与えてもらえないと。国際大会になると当然ですけど、日本人はその中のマイノリティで９割５分なりが外国から様々なトップアスリートが来てその人たちが争う。その時にその人たちの中にさきほど欧州評議会の話の人も含まれかねない。実は外国の事例こそがまさにそれが日本の中でも行われるかもしれない事例なんですよね。それこそがまさに処罰したいものなので、その意味では外国の事例を本気でちゃんと調査してやった方がいいのかなと思っています。

髙山　日本の国内だけで悪質な事例が完結しているという必要は全然なくて、どこの国でそういうことが行われていてもそれに一致して対処していくような体制作りこそがまさに求められているんじゃないでしょうか。

浅川　スポーツ基本法の冒頭の理念の条項、スポーツの公平性・公正性を守ることは次代を担う青少年がスポーツを通じて他者を尊重し、協同する精神や公正さと規律を尊ぶ態度を養うための重要なことである、これまさに人財育成の話を論じているわけですね。日本の将来を担う人を育てていくのにスポーツがいかに重要かということを言っているわけです。スポーツを、人を育成する、または社会の将来を担っていく人への刺激を与えるツールとして認識し、欠くことのできないものだという理念を明示しているわが国、そういう中でこれから国家的な投資をするオリンピックをやっていく時に、その投資対象を擁護する、保護する、投資対象がいかに健全でなければいけないのかという議論に関しては、やはりこのアンチ・ドーピングの議論が根底にあってしかるべきだと思います。

　もう一つ、そもそものところでドーピング違反って何なのかという話とスポーツとは何なのか、スポーツ自体は単なるエクササイズとかフィジカルなコンペティションだけではなくて、社会に与える影響が非常に大きいとか、またはスポーツ立国論の話も前提に考えた時に、ドーピング行為は誰に対する裏切りなのか、コンペチターに対する裏切りなのか、それともチームメイトに対する裏切りなのか、指導してくれた人に対する裏切りなのか、育ててくれたお父さんお母さんに対する裏切りなのか、社会全体に対する裏切りなのかとそういうことまで考えた時に、そういう行為に踏み込む可能性がある人たちに対して、国としてどういう責任を取っていくのか、スポーツが何を社会に還元してくれるのかというレベル合わせが済んでいない中で、今、アンチ・ドーピング法整備の議論が進んでいる。そこは残念に思います。

山崎　ここは法律を作るという場で議論しているわけですから、法律を作る、しかもそれが刑事罰ということになれば当然保護法益を明確化しないといけない。スポーツの公平とかそういうところだけで議論して、大雑把な規制が

行われないようにしなきゃいけない、非常に特殊な議論の場であって、構造的にこういう話を法律で、しかも誰かに刑罰を課す法律を作るというのは非常に難しい話なんです。スポーツは素晴らしいものだ、公平性が大事だとかという大雑把な議論でスポーツの発信力がという話に持っていかれると、精密な議論ができなくなると思うんです。だからスポーツのために、無実の選手が罰せられないようにするために慎重にやっていかなきゃいけないという話をしているわけです。

棚村　スポーツの価値とか、インテグリティというのは大切だと思うんです。社会全体にとっても大事なこと、だけどそれが非常に漠然としたものであって、それぞれの人の見方とか感じ方とかによってもだいぶ違う。そうすると日本は日本なりの選択をしていかなければいけないわけです。グローバル化があって一方は国際的な流れも加味しなければいけず、もう一方では国内のいろんな事情とかも加味しなければいけない。その上で日本型のアンチ・ドーピングをグローバル対応もできて、国内対応もできるものに、お金も人もつけないといけない。既存のところでどこまでができて、どこに問題があるのか、それから今日本ができていること、国際的には非常に弱い部分、それを補強するようなきちっとした包括的な基本立法みたいなのができれば、あとは３年後とか何年後にまた見直しをしていいと思うんです、アンチ・ドーピング自体が、そういうところに対応していくためのものがなかなか一足飛びにはいかないので、やっぱり最低限インテリジェンスとかかなり強化して、刑事罰化みたいなものについては、次の課題ということに賛成です。日本で初めての法律を作るわけだから、それについてやっぱりある程度できる範囲のところを限定して時間の中でやる。ただ今後刑事罰かとか捜査、調査、これについてはしっかりした取り組みと議論が必要だと思います。

髙山　スポーツは確かにそれ自体価値があるものだと思っていますが、そこで言われている価値は複数の内容を同時に含んでいます。確かに一般的にスポーツは健康を増進するものですから、それを振興するというのは人類の福祉のためになることですね。それと同時にそのルールをきちっと守っ

て公平性を確保するという、公平で透明な競争という価値も同時に体現していると思います。だからこそ青少年の育成にも大きな意味を持っていますが、それぞれ分解してしまうと他の領域はどうなのという話になると思うんです。スポーツドーピングだけを突出した規制の対象にしてしまうと、他とのバランスをどういうふうに取るのかっていうことが問題になっています。私は一般的には公正な競争っていう価値にも保護価値はあると思っていますが、その中でのスポーツの位置づけが今後問題になってくるんじゃないでしょうか。

早川　WADAが万能かという話ですが、実はWADAのローメイキングプロセスは非常に開かれていまして、例えばサプリメントについての扱いが各国の規律パネルとかCASでバラバラになったんですよね。それに対して日本からレポートを作って問題意識として出したら、ちゃんとそこは直った。だからやっぱり国際的な場に日本から発信していくのが非常に重要です。WADAも絶対万能ではないので、その万能ではないところをどうやって直させるかというと、外から批判しているだけではなくて、中に入り込んで、WADAが変な方向に行かないようにしなければいけません。

宍戸　スポーツが大事だということ、スポーツのインテグリティとか公正という基本理念を法的にもスポーツ基本法で確定しており、そのために例えば今議論されているようなアンチ・ドーピングについて、国民がドーピングをしてはいけないくらいの抽象的な責務規定を置くことは、簡単に合意が得られるだろうと思います。そこから先の具体的な国家の施策になると、いくつかステージが分かれてくるわけですね。第一は、給付の局面でアスリートに対する給付を行う場合ですが、ここは法的な規律が弱いところす。JADAに対する一般的な支援もそうだろうと思います。第二に、広く国民に対して関わりがあるような教育とか、インテリジェンスで政府が既に持っている情報を提供する場合があります。JADAに協力の一環として情報を提供する場合、気にしなければいけないのは、行政機関個人情報保護法や独立行政法人個人情報保護法のような、既存の法的な手当てがあるので、それを受

け入れて、人権侵害があった場合には事後的な救済を考える。そして、最後の局面で問題になっているのが、国家に強制的に情報を取ってもらい、それをアンチ・ドーピングのために使うというのであれば、それはいかなる行政目的なのか、そのための立法事実があるのかという、かなり具体的なレベルの局面での議論です。まずこのような議論の整理を関係者が共有した方がいいだろうと思います。その上で、そもそもドーピング行為は誰に対する裏切りなのかという論点は、法律論から見ても決定的に重要で、きちんと整理しなければいけません。そしてそれは抽象的に「ドーピング行為」というだけでは駄目で、具体的な WADA のドーピング行為の 10 類型の一つひとつについて様々な議論ができるだろうし、それが十分か十分ではないか、しっかり議論を詰めておく必要があります。その場合の立法事実は、外国で起きている非常に悪質なドーピング問題が日本でも起き得る、あるいは発覚してないだけで起きているということについての蓋然性のある予測がしっかり証明されることと、日本国内でそういうことが起きた時になぜ日本がそれに対処しなければいけないのかということ、それに対して実効的な対処ができるのかという取り締まりの必要性、そして最後 4 つ目に、ドーピング行為が誰を傷つけているのかということを、強制的に情報を国家権力に取ってきてもらうこととの兼ね合いで議論するといった作業を、していく必要があると思います。

齋藤　一つだけ今の議論の中で国家権力とか国民とかの関係の話が出ているわけですけれども、UNESCO の規約の話が全く出ていません。WADA 規程との関係の話が中心になっています。しかし、なぜアンチ・ドーピングの法律や規制をやらなければならないのかというところの議論の一つに、やはり UNESCO の規約との関係があげられると思います。UNESCO の規約との関係では日本政府としては、やはりどこまでやるのか、ドーピング違反行為に関わる不正取り引きの規制ですとか、医師やその他の者によるドーピングの幇助みたいなところまで、どのように取り組むかということについて、政府としてはどう考えているのでしょうか。

今泉 ユネスコ国際規約の関係で書かれていることについては、日本政府は全て対処しております。

棚村 ユネスコ国際規約は、監視する装置として、締約国会議やそこへの国別報告しかないので。

齋藤 そうすると取引の不正について、ユネスコ規約やWADA規程の規則違反の中で、日本ではその規則違反についてどこまで対応した実績があるのか、規則違反のうち検体の陽性反応、禁止物質・禁止方法の使用、採取の回避などの規定についてはJADAが対応されていると思いますが、取り引きの不正や、ドーピング行為に対する意図的な関与、援助に対して何かこれまで行ってきたことがあるのでしょうか。

今泉 例えば不正取り引きやドーピング禁止物質の中で合法なものもあれば、違法なものもあります、違法なものは当然麻薬等が入っています。当然ながらそういう違法なものの取り引きについては不正取り引き、そこは既存の麻薬取締法等の既存の法律の中で取り締まります。それ以外のものは合法な物質ですので、合法なものの取り引きは不正ではないので、そもそも不正取り引きには当たってない状況です。

早川 UNESCOの条約につきましては、解釈の幅が非常に広いんです。さらに言うとUNESCOのモニタリング機能はほぼないに等しいので、UNESCOの条約自体をスタート地点にする議論の実効性は非常に低いんじゃないかと思います。

山崎 2点私の方から申し上げておきたいなと思います。日本が日本の法律を作るわけですから、日本がどういう行為を問題視しているのかということをはっきりさせるということがすごく重要なことであって、これは別に日本に立法事実がなかったとしても、国際的な行為の問題としてわが国がこういう行為を問題視している、だから規制の必要があるという、そういう思考

が重要で、今まさにその話までできていると思うんです。そうなった場合にもう一度再度確認したいのは、個々の末端の選手を罰することの虚しさというか、そこが本質的な問題ではないにも関わらず、やはり現状の枠組みでそこに行かざるを得ない。その組織的な部分だったり、その温床となっているアントラージュ的な部分であったりというところの認識をやっぱりこの法政策、法制の議論をする過程では最大限にする必要があると思っています。その関係で2点目ですが、何人もドーピングをしてはならないとすることもそれはそれである意味問題で、なぜかというとドーピング違反というのは定義が定まってないからです。ドーピングの定義は所属している団体スポーツによっても異なる話ですので、やはり行為を限定することはこの法制を議論する中で非常に必要なことであり、かつその行為を限定する観点では何が本当に我々が闘っていかなきゃいけない相手なのかが非常に重要だと思うのです。

齋藤 先ほど、宍戸先生からもご発言があったように、アンチ・ドーピング規則違反の行為類型は一つひとつ議論するべきものであって、ドーピング行為の支援とか、不正取り引きなどの違反行為の類型についてもやはり一つひとつ議論をしていく必要があろうかと思います。

井手 学会員で、読売新聞の井手と申します。日本型のアンチ・ドーピング法の必要性について、十分、理解しているんですけど、その上で一つお聞きしたいことがあります。内部告発者保護という観点が先ほど出ておりましたが、法の中できちんとした内部告発者保護規定を入れられるのかどうか、という点です。まだ検討されておられないんでしたら、ぜひとも必要だと思っているんです。実は、日本で内部告発者保護のための法律というのは、一般法理では公益通報者保護法が定められています。さらに、現在、その改正のための検討が進んでいて、通報先が内部告発者に不利益取り扱いをした場合には、監督官庁の消費者庁が行政罰をかける、あるいは直罰として不利益取り扱いしたところに刑事罰をかける、あるいは行政罰で従わない人に間接罰として刑事罰をかける、それから、その通報先が守秘義務に違反し

た場合にも刑事罰をかけるといった話が出ています。ところが、問題なのは、保護される対象は労働者に限られていることなんです。雇用関係がある人というわけで、スポーツ選手やコーチなどは含まれないんですね。この検討過程には、日弁連の弁護士さんも含め、法律の専門家の方々が入っていますが、消費者問題を専門にされた法律家の方が多く、スポーツの問題は論議されていません。ですので、スポーツ分野での内部告発者は、公益通報者保護法を改正したとしても保護されません。個別法で、すなわち、アンチ・ドーピング法で明確に決めなければいけないと思っています。それから、やっぱり内部告発者のためのリニエンシー（制裁措置の減免制度）も必要だと思うんです。ご承知の通り、リニエンシーは独禁法で定められています。ドーピングの摘発の端緒となり、極めて有効な内部告発者の保護は、様々な組み合わせでなされるべきであり、アンチ・ドーピング法の中で大変、重要な視点だと考えていますが、タスクフォースの中でどう検討されたのでしょうか。

今泉　今の内部告発者の仕組みについてはまさにその内部告発者を誰から守らなくちゃいけないのかというところも含めてなんですけど、今、インテリジェンスの中心教育機関としてJSCさんを考えていて、JSCさんの中にその内部通報の関係の諸規定を設けることはできないかということを今検討していただいている最中です。

井手　保護の要件とか効果とか、どうなるんでしょうか。

今泉　まさに検討中ですので、そこまではまだ詰まっていません。

早川　議連の方では、今のお話非常に重要だなと思って聞いていましたので、何らかの形ではフィードバックさせていただきたいと思います。気になったのは、日本的なものという意味が、捜索的なものはいらないということかどうかです。内部告発だけではそれは証明、立証できてることにはならないので、その後にその内部告発を元に客観的な証拠を押さえて初めて立件ができるんですね。内部告発があっただけでは全然足りなくて、その後にその

内部告発を元に立ち入りとかができる権限がないと、日本では取り締まれないと思っています。

井手　日本的なものと、私が申し上げたのは、そういう趣旨ではありません。立ち入り権限も当然いりますし、インテリジェンスも強化しなきゃいけない、インテリジェンスを強化するのであれば、その基礎になる内部告発は重要になるでしょうし、であれは、まず、そこをきちんと保護する仕組みが不可欠でしょうという考え方です。

境田　実はインテリジェンスの方で検討しています。ちょっと類似した制度で全柔道の暴力問題が起きましたよね。あの時にJSCの中に通報窓口みたいなものを作りました。その時はまさに内部通報者の仕組みを取り入れたんですね。ただ今回のそのアンチ・ドーピングの場合はですね、それによって直ちに不利益を受けるというのはちょっと今までのケースとは違うからそこは今まさに検討しているところです。

川井　同志社大学の川井と申します。八百長にかかるインテグリティを調べていくと、八百長をなぜ刑罰化するのかというとやっぱりスポーツ賭博という市場を守るためというのが一つの結論のような気がするんですね。この文脈と同じようにドーピングを考えた場合に、もしかしたらドーピングを刑罰化している国々というのは、スポーツを守るためということももちろんそうでしょうが、賭博産業を守るためということになるのではないか。日本の公営競技では八百長は刑罰の対象にするし、これからドーピングがどんどん出てきたらこれも刑罰の対象にする可能性もある。なぜならドーピングあるいは八百長が頻発するとギャンブル市場が崩壊してしまうからです。何が言いたいかと言うと、世界的に刑罰化していく流れがあるということですけど、スポーツ賭博を容認する国としない国では根本的なところで違いがあるのではないかと、その部分はいかがでしょうか。

早川　様々な国々でドーピングについては刑事ですとかそれ以外の法を取り

締まるために使っているわけですが、我々で比較法リストを作る時に注意しなくちゃいけないのは、そのドーピング法という名前を持ってないものだけでもドーピング規律のためにいろいろなものを使っている国々があり、罪刑法定主義の運用も各国で違いますから、そこまで広く視野を持たなきゃいけない。今の話はインテグリティが国によって違うという話、スポーツのインテグリティだからといって法規制をすることの危険性を一般的に指摘された意見だと思います。インテグリティは必ずしもその国々で固まっているわけではなく、国際的に定義が一義的になっているわけではないというところは我々は常に意識しておかなければいけない部分だと思うんです。

小名木 北海道大学の小名木です。お話を伺う限り、大勢は刑罰化については時期尚早というような感覚を覚えますが、「ドーピング罪」というものの持つ響きをわが国に制定することによって国際的な地位との関係はどうなるのか。皆さんのお話を伺っていますと、その他のツールでも対応できるということですが、例えば業務妨害罪でドーピング対策できるかというと、国内法の問題としては恐らくいいと思いますが、グローバル化の中で国際的に通用するのかどうか。この点について、ご意見をお聞かせください。

早川 2点申し上げたいと思いますが、1点目は、現在の法律で対応できるとは思っていません。何らかの形、法律で少なくとも捜索差し押さえなどはちゃんと立法化して、その上で少なくとも民のレベルでちゃんと活用して、民のレベルではそれが捕捉できるようにしたいと思っておりますし、また民のレベルの範疇に入らない人たちについても何らかの対処が必要なんじゃないかと思っております。ただそれが刑事じゃなくちゃいけないかというと、日本の刑法の議論があまりにも固過ぎて、いろんなところで立法化がなかなか柔軟に進まなくて、2020年に間に合わせるには来年の通常国会にのせなくちゃいけないので、その前に刑事局を突破するのは無理だろうと思っています。

境田 大体7年前ですね。この大会を開きまして、その時にスポーツ基本法

を作るべきだ、作るのであればスポーツ権を必ず入れるべきだ、スポーツ団体のガバナンスも確立すべきだ、というような様々な議論を重ねてそれが実現しました。今回またこういったまさにアンチ・ドーピング法というのを作るという時に、この日本スポーツ法学会の場でこういった議論ができるのは本当に嬉しいと思いますし、我々にとって本当にありがたい貴重な機会だと思っています。今日の議論を踏まえていい立法ができるように取り組んで参りたいと思います。

齋藤 それでは時間ですので、これで締めさせていただきたいと思います。本日はありがとうございました。

【原著論文】

ニュージーランドの代表選手選考仲裁における判断基準
―スポーツ仲裁における司法審査のあり方―

松 本 泰 介
（早稲田大学スポーツ科学学術院）

1 はじめに
〜スポーツ仲裁における代表選手選考事案に関する横断的考察の必要性

　日本では、2003年に日本スポーツ仲裁機構（JSAA）が設立されて以降、既に仲裁判断が42件、うち代表選手選考については21件行われている（2016年9月30日現在）。JSAAの代表選手選考事案において、スポーツ団体の決定に対する仲裁判断基準としては、「日本においてスポーツ競技を統括する国内スポーツ連盟については、その運営に一定の自律性が認められ、その限度において仲裁機関は、国内スポーツ連盟の決定を尊重しなければならない。仲裁機関としては、1）国内スポーツ連盟の決定がその制定した規則に違反している場合、2）規則には違反していないが著しく合理性を欠く場合、3）決定に至る手続に瑕疵がある場合、または4）国内スポーツ連盟の制定した規則自体が法秩序に違反しもしくは著しく合理性を欠く場合において、それを取り消すことができると解すべきである」と判示されており、これがJSAAにおけるほぼ確定的な判断基準として、各仲裁判断において具体化され適用されている。
　スポーツ界の運営ルールは、国際スポーツ団体（IF）や国内スポーツ団体（NF）が定めてきているが、スポーツ仲裁裁判所（CAS）やJSAAのようなスポーツ仲裁の誕生や仲裁判断により、スポーツ団体が行う立法、行

政的機能に対して、スポーツ仲裁による司法的機能が働くようになり、スポーツ界のルール形成は一定のバランスが保たれるようになった。これは国家における立法権、行政権に対して、司法権を有する裁判所が行う司法審査そのものである。

このような代表選手選考に関するスポーツ仲裁については、先行研究として、例えば、小川和茂「選手選考にかかる仲裁判断例に関する一考察」[1]、八木由里「オリンピック日本代表選出における紛争とADR制度」[2]などが存在し、また、JSAAの仲裁判断[3]においても、スポーツ団体が実施する代表選手選考における専門性、自律性を尊重すべきこと、代表選手選考の公正や透明性が重要であること、仲裁判断の緊急性と相まってスポーツ団体の決定取消に消極的になる傾向が指摘されている。

ただ、代表選手選考の仲裁判断においては、客観的要素や主観的要素からなる代表選手選考基準、代表選手選考手続を対象として、スポーツ団体が実施する代表選手選考における専門性、自律性と公正、透明性というスポーツガバナンスの視点との利益衡量がなされるが、具体的に何が取消事由とされているのか、スポーツ仲裁による司法審査のあり方を横断的に考察する研究はなされていない。スポーツガバナンスの重要性が叫ばれる昨今のスポーツ界において、また多数のスポーツ仲裁判断が積み重なってきている現在においては、このような横断的考察を実施すべき時期に来ていると思われる。

そこで、本稿では、それぞれのスポーツ仲裁機関の代表選手選考事案に関する横断的な考察を行い、代表選手選考事案におけるスポーツ仲裁による司法審査のあり方を研究する。

2 スポーツ仲裁判断を研究対象とすることの可否 〜先例拘束性の影響

代表選手選考におけるスポーツ仲裁による司法審査のあり方を考察する際、同種事案としての取扱いが多い、スポーツ仲裁裁判所（CAS）、他国の国内スポーツ仲裁機関である、Sports Resolutions（イギリス）、Sport

Dispute Resolution Centre of Canada（カナダ）、Sports Tribunal of New Zealand（ニュージーランド）などにおける代表選手選考事案における司法審査のあり方を考察し、これらを比較検討することが研究方法として考えられる。

ただし、スポーツ仲裁における仲裁判断自体を法的考察の対象とする場合、1つの疑問が浮かび上がる。すなわち、仲裁判断には国家裁判所の判決のような先例拘束性がないと解されるため、先例拘束性がない仲裁判断自体を考察しても、何ら司法審査のあり方を横断的に考察できないのではないか、という疑問である。

ただ、Nafziger（2001）はCASの仲裁判断の先例としての影響力に着目し、Foster（2003）はCASの仲裁判断で取り上げられたスポーツに関する法原理を考察している[4]。また、小寺（2011）はCASの仲裁判断が判例法（Lex Sportiva）を構成すると考えられるとし[5]、また、石堂・高松（2014）はCAS仲裁判断には先例としての価値を有しているとし、その先例拘束性やその当否について検討する必要があるとした[6]。

このような見解の中では、スポーツ仲裁における仲裁判断について一定の先例拘束性があることを前提とし、スポーツ仲裁においても、法学の分野で確立されている判例分析という手法により考察を行うことが可能であると考えられる。

また、スポーツ仲裁機関の仲裁判断については、スポーツ団体やオリンピック委員会の決定を対象にしており、仮に仲裁判断に大きなブレや先例と全く異なる判断が行われていた場合、スポーツ団体やオリンピック委員会自体が行う決定に大きな混乱が生じてしまう。加えて、国内スポーツ団体やオリンピック委員会に対して、統一的な仲裁条項や仲裁自動応諾条項の導入を求めている国内スポーツ仲裁機関の場合、その判断に大きなブレや先例と全く異なる判断が行われた場合、国内スポーツ仲裁機関そのものの信頼性を失うおそれもある。

とすれば、事実上先例を踏襲するインセンティブが働くことから、これらの仲裁判断に一貫性が生まれており、法学の分野で確立されている判例分析という手法により考察を行う前提事情もあるといえよう。

そこで、他国の国内スポーツ仲裁機関の代表選手選考事案における司法審査のあり方を考察し、これらを比較検討する上で、本稿では、日本と同時期に設立され、類似した設立経緯を持つ、Sports Tribunal of New Zealand（STNZ。ニュージーランド・スポーツ仲裁裁判所）における代表選手選考事案における司法審査のあり方を研究する[7]。

3 組織概要、スポーツ仲裁規則の概要からみる司法審査のあり方

(1) 組織概要、設立経緯

　STNZ は、2003 年、ニュージーランド政府の認可法人（Crown Entity）である Sport and Recreation New Zealand（SPARC）理事会により、Sport and Recreation New Zealand Act 2002 の第 8 条 (i) を根拠法として、Sports Disputes Tribunal of New Zealand（SDTNZ）が設立されている。この大きなきっかけは 2000 年シドニーオリンピック代表選手選考をめぐる多数のトラブルの存在であることが指摘されている[8]。2006 年の Sports Anti-Doping Act 2006（SADA）制定に伴い、名称も Sports Tribunal of New Zealand（STNZ）とされ、根拠法がこちらの法律に移っている（SADA 第 29 条 (3)）。SPARC は政府認可法人であるが、STNZ は「独立機関」とされる[9]。

　STNZ の組織の根本的な定めは SADA 第 30 条以下に規定されており、STNZ のチェアマン、ボードメンバーは、その資格要件に基づき、SPARC 理事会メンバーの推薦により、Governor-General が任命するとされている（SADA 第 30 条から第 35 条）。報酬は、Remuneration Authority Act 1977 に基づき支払われる（SADA 第 36 条）。

　STNZ の権限については、まず SADA 第 38 条以下にその根本的規定が定められている。STNZ の機能として、仲裁合意があるスポーツ関連紛争や、団体内規則で仲裁利用できる国内統括団体（NSO）やニュージーランドオリンピック委員会（NZOC）の決定に対する不服申立てが可能であることが明記され（SADA 第 38 条 (b) (c)）、またこれらの規定に基づく、自ら

の手続運用ルールを定めることも明記されている（SADA 第 39 条（1））。

このように根拠法令にスポーツ団体の決定に対する不服申立てを STNZ の機能とすることを示していることで、スポーツ団体の決定に対するスポーツ仲裁による司法審査の法的位置づけが明確になっている。

(2) 代表選手選考事案に関する仲裁規則

そして、上記根拠法令に基づき、STNZ 自らのスポーツ仲裁手続に関する運用ルールを定めた、スポーツ仲裁規則（RULES OF THE SPORTS TRIBUNAL）が存在する。

特に、代表選手選考に関する規則としては、Appeal Proceedings に関する特別条項が設けられており、いくつか特徴的な規定が存在する。

1つ目は、Appeal Proceedings にて取扱う紛争対象である。取扱い対象は2つの紛争類型とされ、① NSO と NZOC の決定に対する不服申立て（SADA 第 38 条（c）、仲裁規則第 41 条（a））、②①が本質的にかかわる SADA 第 38 条（b）に定める範囲内のスポーツ関連紛争（仲裁規則第 41 条（b））とされる。これは、前述の根拠法令である SADA の規定を受けたものであるが、単純に NSO や NZOC の決定のみを紛争対象とするのではなく、これ以外のスポーツ関連紛争、具体的には、スポーツ団体が定める出場資格の解釈などを対象としている点が特徴的である。

2つ目は、Appeal Proceedings を利用するにあたっての取消事由である。取消事由は、仲裁規則第 42 条により、(1) NSO 又は NZOC の規定に定められた事由、(2) 当事者間の合意に定められた事由、(3) 上記2点がなければ、① natural justice の否定、②権限外、③結論を左右する決定後の新証拠、④ misconduct 事案における過処分という4項目のみに限定列挙されている。ただし、⑤ Selection 事案には、特別にさらなる4要件が定められている。

 i. 選考基準に適切に従っていない場合
 ii. 選考基準を検討する十分な機会が与えられていない場合
 iii. 選考決定が明らかな偏見に基づく場合

ⅳ. 選考決定の合理性を基礎づける証拠がない場合

　3つ目は、Appeal Proceedings における不服申立てに対する仲裁判断は、原則的に、STNZ パネルが求められた仲裁判断をすることも、スポーツ団体に差戻すことも可能であるが（仲裁規則第 47 条（a））、さらに自ら新たな仲裁判断を出すことも可能である（仲裁規則第 47 条（b））。ただし、Selection 事案については、例外的に、差戻しが原則とされ（仲裁規則第 49 条（a））、ⅰ実現不能の場合（impracticable）、ⅱ選考基準が無視され、適切な適用が期待できない場合のみ、STNZ パネルが自ら新しい仲裁判断を出すことができる（仲裁規則第 49 条（b））。

　また、Appeal Proceedings に限定された規定ではないが、STNZ パネルの仲裁判断については、国際団体や NSO の規程に明記されている限り、スポーツ仲裁裁判所(CAS)への上訴が認められている（仲裁規則第 28 条(b)）。

　以上の仲裁規則における特徴的な規定をみるに、取消事由を限定している点については、スポーツ団体に対するいたずらな不服申立てを防ぐ趣旨で設けられた規定とも考えられるが、一方で、この取消事由の内容を検討すると、例えば、選考基準に適正に従うこと、選考基準を検討する十分な機会を与えること、選考決定が明らかな偏見に基づかないこと、選考決定の合理性を基礎づける証拠があることなどが、代表選手選考の公正、透明性を担保する事由であることが明確に示されているといえる。

　また、代表選手選考事案については、差戻しを原則とし、STNZ パネルによる仲裁判断を限定しているが、こちらは STNZ パネルによる司法審査において、代表選手選考の専門性を尊重することが明確になっているのである。

　このように、仲裁規則上そもそも明確な指針を示していることが、STNZ パネルによる司法審査のあり方を率直に表している。

4 スポーツ仲裁判断からみる司法審査のあり方

(1) 代表選手選考事案の概要、推移
① 代表選手選考事案の概要

　STNZ での仲裁判断は、2016 年 12 月 31 日時点で公表されている事案は全 172 件であるが、ドーピング事案ではない 65 件のうち、代表選手選考事案は 32 件である。この 32 件の内訳は以下の表のとおりである[10]。

年	仲裁判断数	うち、取消事案数、事件番号、事件名
2004	2件	1件、SDT 01/04; SDT 02/04; SDT 03/04 Andrew Murdoch and Others v Yachting New Zealand
2005	1件	0件
2006	4件	0件
2007	1件	0件
2008	4件	1件、ST 07/08 Liza Hunter-Galvan v Athletics New Zealand
2009	0件	0件
2010	1件	0件
2011	1件	1件、ST 02/11Samantha Michael v New Zealand Federation of Roller Sports
2012	1件	1件、ST 02/12Ryan Taylor v New Zealand Olympic Committee
2013	0件	0件
2014	5件	0件
2015	5件	1件、ST 05/15Andrew Roy v Canoe Racing New Zealand
2016	7件	1件、ST 07/16Kane Radford v Swimming New Zealand
合計	32件	6件

　前述のとおり、STNZ は、シドニーオリンピックの代表選手選考事案トラブルがニュージーランドのスポーツ界にとって大きな負担となったことから設立された経緯があると指摘されているが、実際、2004 年の記念すべき１件目も代表選手選考事案であり、2004 年の２件はすべてアテネオリンピック事案である。そして、2008 年の４件は全て北京オリンピック事案、2012 年の１件は全てロンドンオリンピック事案、2014 年の５件は全てコモンウェルスゲームス、2016 年の７件のうち、６件はリオデジャネイロオリンピック事案である。

その他は世界選手権などの国際大会に関する代表選手選考事案であるが、オリンピックやコモンウェルスゲームというニュージーランドにとって大きな国際大会がある場合に増加する傾向にある。
　全体としての代表選手選考事案32件が多いか少ないかについては、人口約429万人、面積267,710km²（2011年）の国において、日本以上の件数が発生しているという意味では、多いといえるのであろう。

② 国内統括団体の推薦基準改定による影響
　この点、STNZにおける代表選手選考に関する仲裁判断を検討するにあたり、前提として触れなければならないものが、2008年の北京オリンピックから、NZOCがNSOからの推薦基準を大きく改定した点である。
　このNZOCの推薦基準には、世界ランキングやトップレベルの大会結果を通じて、オリンピックでベスト16位以内を達成できる能力を有していること、8位以内に入る可能性を明示すること、この明示にあたり証拠の提出が必要であること、選考対象大会を表示することなどが明記され、各NSOはNZOCへの推薦にあたり、この内容を選考基準に盛り込むこととなった。これは以前の推薦基準より厳しい条件になったと指摘されており[11]、2016年現在も継続する内容になっている。また、これにより、各NSOでは、オリンピックの選考基準だけに限らず、世界選手権に関する選考基準についてまで同様の考え方が浸透していくことになった。
　実際、STNZにおける代表選手選考事案についても、NSO自体の選考基準が選考対象大会の成績や世界ランキングを証拠として提出しなければならなくなったため、このような客観的評価を前提になされることになり、STNZパネルによる司法審査にとっても大きな変更となった。

　以上をもとに以下、実際の仲裁判断における内容検討を通じて、STNZパネルによる司法審査のあり方を考察するが、スポーツ仲裁における司法審査の範囲が小さいものから大きいものへ、申立棄却事案、申立認容事案の順に検討する。

(2) 申立棄却事案

　まず、STNZ の代表選手選考事案全 32 件のうち 26 件、すなわち約 81% の事案は申立てが棄却されている。この数字だけの全般的傾向を見れば、STNZ パネルは、スポーツ団体が実施する代表選手選考の専門性、自律性を尊重し、スポーツ団体の決定に対する司法審査に消極的であり、他国のスポーツ仲裁事案とも類似するところである。

　ただ、厳密に申立棄却事案の仲裁判断内容を見ると、STNZ はその仲裁規則で原則として取消事由（仲裁規則第 42 条）を限定しているため、例えば、NSO が選考基準を定めており、その選考基準を適正に運用していれば、仲裁規則が定める限定された取消事由には該当せず、申立てが棄却されている、ということもできる。

　特に 2008 年以降、NZOC への推薦基準が客観的評価を前提として、選考対象大会を明示させ、その成績や世界ランキングなどの証拠提出を条件とし、NSO にその基準の導入を求めたことで、上記取消事由の該当可能性がそれ以前より低くなったといえよう。

　もっとも、申立棄却事案においても、STNZ パネルによる司法審査について、いくつか興味深い仲裁判断を行っている事案も存在するので、以下検討する。

① SDT 16/06 Katrine Lawton v Mountain Bike New Zealand（MBNZ）

　本件は、2006 年マウンテンバイク世界選手権、女子クロスカントリー代表選手選考事案である。2006 年マウンテンバイク世界選手権に向けた最終選考の基準（Selection Policy 2006）は、国際大会及び国内大会の結果に基づくものとされ、国際大会を優先する、と記載されていたものの、すべての選考は基準適用とその妥当性によるとされ、MBNZ の選考パネルの裁量に委ねられると明記されていた。

　この点、これまでの実績や世界ランキングは申立人が上回っていたものの、STNZ パネルは、選考パネルの目的が出場大会について最も強い選手を選考することにあり、選考基準でも選考パネルの裁量が認められていること、違った場所で違った選手と競争し、違った成績を有している選手ら

を主観的な評価要素なしに決定することはできないこと、選考パネルがコース状況、距離、力量、天候、環境など様々な要素を分析しなければならないこと、代表選手選考に関して客観的評価を尽くした上でのスポーツ団体が行う主観的評価についてはSTNZパネルの審査対象とすべきではないと指摘した。

そして、その後のSTNZパネルの審査、例えば、SDT 17/06 Timothy Madgwick v Mountain Bike New Zealand、ST 13/10 Garth Shillito v Fencing New Zealandにおいては、客観的評価の対象となる成績について、国内大会、国際大会など複数の要素があり、その他にも世界ランキングなど客観的評価のために検討できる要素がある場合、どの要素に重点を置くかについても、スポーツ団体の専門性を尊重することが示されており、代表選手選考に関して客観的評価を尽くした上での主観的評価、裁量に踏み込まないことは踏襲されている。

② ST 12/15 Kate Henderson v New Zealand Water Polo（NZWP）

本件は2015年U20ワールドカップ、女子水球代表選手選考事案である。本件は団体競技の選手選考事案である[12]が、主な論点は、選考基準の問題ではなく、選考パネルが手続規程通りに指名されていたのか、選考パネルの決定に対するNZWP理事会の承認手続が手続規程通りになされていたかという選考手続の問題にあり、STNZパネルで結論が2対1に分かれた事案である。

この点、NZWPの手続規程によれば、選考パネルは4名、ヘッドコーチ、アシスタントコーチ、その他NZWPから指名された2名とされていた。また、選考パネルは、自らの決定を次のNZWP理事会で承認を得なければならないものとされており、時間的な余裕がない場合は、EメールかFaxにより72時間以内の承認手続を経ることとされていた（Regulation第7.2条）。この内容は、その後発表されたNZWPの選考基準でも繰り返されていた。ただ、実際の代表選手選考においては、選考パネルが指名された明確な証拠はなく、選考パネルは3名であり、またNZWP理事会での承認が得られて

いないにもかかわらず、選考パネルが発表したという問題が存在したのである。

　STNZパネルの結論に反対意見の仲裁人は、この選考パネル指名及び人数の瑕疵が、選考パネルが代表選手選考に関し管轄を有するかに関わる本質的な問題であり、ここに瑕疵があった場合、回復不可能な問題と考えられるため、選考パネルが行った代表選手選考は取消されるべきであると意見した。他2名は、仮にこの選考パネル指名や人数の瑕疵、選考パネル決定の承認手続に問題があったとしても、結論の変更可能性がなかったことから、選考パネルが行った決定を維持した。

　なお、結論の変更可能性がなかったことから選考パネルの人数の瑕疵の問題で選考パネル決定を取消さなかった事案としては、ST 08/14 Sarah Her-Lee v Table Tennis New Zealandがある。こちらは、規程上3名の選考パネルが必要であったが2名で選考したケースで、仮に3番目の選考人が入ったとしても、結論が変わることがなかったことを指摘し、特に仲裁規則が定める取消事由であるnatural justiceの否定にはならない、と結論付けている。

　本件から明らかになるのは、代表選手選考手続の瑕疵が仲裁判断にどの程度影響を及ぼすかである。確かに結論の変更可能性はなかったかもしれないが、反対意見の仲裁人が指摘したようにそもそも法的権限があるかの問題であり、また、新たな1人の選考人が入ることによって他の選考人の意見に影響を及ぼすことも考えられよう。少なくとも仲裁判断の中にこのような反対意見が示されており、取消事由になる可能性もある事項であることは頭に置いておかなければならない。

(3) 申立認容事案

　続いて、STNZの申立認容事案は全6件となっているが、STNZでは仲裁規則において取消事由が原則的に限定されている中で、結論的に取消されるのは、スポーツガバナンスの観点からの公正や透明性に明らかな問題があったということである。

そこで、STNZ パネルによる司法審査のあり方を明らかにする上で、それぞれの事案における、具体的な取消事由を考察する。

① SDT 01/04; SDT 02/04; SDT 03/04 Andrew Murdoch and Others v Yachting New Zealand（YNZ）

本件は SDTNZ 第 1 号事案であり、2004 年アテネオリンピック、ヨット代表選手選考事案である。SDTNZ パネルでは、レーザー級、470 級男子それぞれに関する YNZ の決定を取消したが、上訴の CAS パネルでは SDTNZ パネルの越権を認定し、SDTNZ パネルの 2 つの仲裁判断を取消した事案であり、特に SDTNZ パネルの権限の範囲が大きく問題となった。

まず、第 1 審である SDTNZ パネルにおいては、SDTNZ パネルの権限は、代表選手選考の妥当性というスポーツ団体による評価を再度行うことではなく、その過程や手続に関する審査に限定されると定義付けされている。

もっとも、SDTNZ パネルは、YNZ の選考基準に関して、①10 位以内という結果を達成すること（選考基準第 4.7.1 条 (a)）、②①を満たさない場合に限り、ニュージーランドにおいて最も高い順位の選手を指名する（選考基準第 4.3.2 条 (b)）、と定められていたものの、SDTNZ パネルは、この基準の解釈として、選考パネルによる 10 位以内という評価について、選考対象大会における「確定的な証拠」（hard evidence）が必要とするなど、選考パネルの裁量を厳しく制限すべきであると指摘した。

そして、SDTNZ パネルは、このあてはめとして、レーザー級に関する選考パネルの決定は、評価すべき証拠が少ないこと、採用した成績が「事実上価値がない」「全く素晴らしくない」、10 位以内という結果を証明するには足らないこと、特定の成績に過度の信頼を寄せすぎていること、選考された選手の可能性、大会までの向上余地など不適切な要素を評価しているなどの理由から、10 位以内という結果を達成するには十分な証拠がないとして、YNZ の決定を取消した。また、470 級男子に関する選考パネルの決定についても、同様に選考パネルの評価にたくさんの問題があることを指摘して、YNZ の決定を取消したのである。

これに対して、第2審のCASパネルは、そもそもSDTNZパネルが申立内容について管轄を有しなかったことを指摘するとともに、SDTNZパネルの審査について、10位以内を達成できるかを評価する選考パネルの検討材料を著しく制限していること、10位以内を達成できるかを評価するために選考対象大会の成績を検討するのが選考パネルの仕事であることに疑いはなく、どの選考対象大会の成績に重点を置くかは選考パネルの専門性や経験に委ねられる事項であること、その他SDTNZパネルが、評価すべき証拠が少ない、選考パネルが採用した成績について「事実上価値がない」「全く素晴らしくない」、特定の成績に過度の信頼を寄せすぎているなどと指摘していることはそもそも選考パネルが行う評価権限に踏み込んでいること、などを理由に、SDTNZパネルの審査が与えられた権限を越えているとして、SDTNZパネルの仲裁判断を取り消した。

　本件では、スポーツ仲裁パネルの権限の範囲が論点となっているが、代表選手選考における専門性、自律性と公正、透明性というスポーツガバナンスの視点という利益衡量を行う上で、仲裁パネルにどこまでの権限が認められるかは非常に重要な論点である。特に当時は、まだYNZ選考基準にSDTNZパネルへの不服申立てが可能なこと、取消事由の限定はあったものの、それ以上にSDTNZパネルの権限は明確ではなく、このような論点が発生したのである。
　ただ、本件で明らかになった、代表選手選考の妥当性というスポーツ団体による評価を再度行うことではなく、その過程や手続に関する審査に限定され、具体的に成績の意義や軽重などの評価には踏み込まない、というSDTNZパネルの権限内容は、後述のST 07/08 Liza Hunter-Galvan v Athletics New Zealand（ANZ）、ST 05/15 Andrew Roy v Canoe Racing New Zealand（CRNZ）などにおいても明記されるなど踏襲されていることから、SDTNZパネル（後のSTNZパネル）による司法審査のあり方とって一定の基準になっている。

② ST 07/08 Liza Hunter-Galvan v Athletics New Zealand（ANZ）

　本件は、2008年北京オリンピック、女子マラソン代表選手選考事案である。この点、ANZの選考基準は、北京オリンピックからスタートした、いわゆるNZOCへの推薦基準に従い、オリンピック16位以内が達成できる能力を有していること、対象者がこれを証明することされているが、あくまで選考パネルの裁量で、ケガや病気その他の事情も検討材料としても構わない、との基準であった。

　申立人は、2007年のアムステルダムマラソンで、オリンピック出場記録を2分上回る成績を出しており、選考基準に定められた記録はクリアしていたものの、ANZは、過去の成績が十分でないことを理由に選考しなかった。

　STNZパネルは、過去の成績に関してもその大会の状況などさらなる調査、検討が必要であるとし、また、2004年、2006年大会の成績に関し、暑さの影響に関する申立人の反証の機会が与えられなかったことなど、暑さによる影響についてもさらなる調査、検討が必要なことを理由にANZの決定を取消している。

　本件は、複数の成績という客観的評価をしているものの、単純な成績としての数値だけの検討では足りず、それぞれの大会の状況や、特に本件では暑さによる影響なども調査、検討すべきことが指摘されており、代表選手選考における客観的評価に関して、単なる数値の評価では足らないことを示している。

③ ST 02/11 Samantha Michael v New Zealand Federation of Roller Sports（NZFRS）

　本件は、2011年世界選手権、ローラースケート女子Jrチーム代表選手選考事案である。

　NZFRSの選考基準は、Criteria for 2011 World Team Selection – July 2010に定められており、2011年の世界Jrカテゴリーでトップ10位以内を達成できること、あるいは2012年の世界Jrカテゴリーでトップ10位以内

を達成できる向上が見込まれることを、選考パネルが判断することとなっていた。

この点、NZFRS は、申立人が 2007 年以降国際大会でトップ 10 位を達成していないこと、選考対象大会での成績を踏まえ、国際大会での競争力がないことを理由に申立人を選考しなかった。

STNZ パネルは、上記 SDT 01/04; SDT 02/04; SDT 03/04 Andrew Murdoch and Others v Yachting New Zealand（YNZ）において指摘された、STNZ パネルの権限は、代表選手選考の妥当性というスポーツ団体による評価を再度行うことではなく、その過程や手続に関する審査に限定されることを前提にして、申立人がシニアランクに移った時の国際レベル、2008 年以降のケガと回復の過程、世界選手権に向けての最近のトレーニングを踏まえた申立人の体調に関して評価していないこと、特定の大会の記録を過度に評価し、申立人が積極性に欠けるなどと評価すべきでないことを理由として、NZFRS の決定を取り消した。

本件では、過去の特定の大会の記録を過度に評価するのではなく、ケガや回復状況、体調などの他の評価も検討する必要性を示している点で、代表選手選考における客観的評価に関しては、評価対象となる可能性ある要素を広く検討することが必要であることを示している。

④ ST 02/12 Ryan Taylor v New Zealand Olympic Committee（NZOC）

本件は、2012 年ロンドンオリンピック、男子 50 メートルプロンライフル代表選手選考事案である。NZOC が相手方となっている（New Zealand Shooting Federation（NZSF）も利害関係人には含まれている）が、ロンドンオリンピックへの選手派遣をめぐり、NZSF が NZOC に対して女子エアライフル種目から男子 50 メートルプロンライフル種目に対象種目の割り当て変更を申し入れたものの、NZOC は世界ランキングやトップレベルの大会結果を通じて、オリンピックでベスト 16 位以内を達成できる能力を有していること、8 位以内に入る可能性を証明するという推薦基準を定めており、申立人はこれを満たさないとして割り当て変更を認めなかったため（第

1決定)、申立てがなされたものである。

しかし、その後、NZOCは、NZSFから申立人に関する資料が提出され、検討された結果、NZOCが、申立人が上記推薦基準を満たすと評価し、従前の決定を取消した（第2決定）。本件は、第1決定の際、女子トラップ種目への割り当て変更が認められており、選出されていた別の選手が利害関係人として本件に参加していたため、NZOCの第1決定について最終的な審査を下すためになされたものである。

この点、第1決定にて選考された選手は、本件は代表選手選考決定ではないので、STNZパネルに管轄がない、と主張したものの、STNZパネルは、確かにNZOCとNZSF間の選考合意において、対象種目の割り当て変更に対する不服申立ての規程はなく、代表選手選考又は推薦に関する不服申立てに関する規程しかなかったものの、割り当て変更の前提として代表選手選考の決定がなされている以上、STNZパネルに管轄があることを肯定した。そして、第1決定の取消しについては、NZOCの権限内であることを理由に、第1決定の取消しを肯定した。

なお、本件では、申立人の代表選手選考に関する選考過程や手続自体については特段論点となっていない。

⑤ ST 05/15 Andrew Roy v Canoe Racing New Zealand（CRNZ）

本件は、2015年U23世界選手権、カヌーK1 200代表選手選考事案である。

選考基準の適用や選考手続両方が問題となっているが、特にCRNZの選考手続に関する規程に関し、選考パネル自体が、選考会議の実施、議事録の作成及び保存、選考投票及び記録保存、時間的要件、選考結果報告書の作成などに関する規程に違反し、CRNZ会長も、CRNZ理事会に提出されるべき報告書の要求や、選考パネルが上記規程を守る手立てを実施しておらず、また、CRNZ理事会に対して選考の事実を伝えておらず、質疑の機会を設けていないなど多くの手続規程違反があった。結果CRNZ理事会も、選考手続が適切になされていたか、十分な報告書のない推薦を承認するか適切な質疑が行われていなかった事案であった。

CRNZはこのような規程違反は無視できる単なる手続違反と主張したも

のの、STNZパネルは、特にCRNZ理事会に対して十分な報告なく推薦がされており、最終決定権者であるCRNZ理事会が適切な審査をできないこと、また、選考パネルによる会議実施や議事録、報告書などの記録の作成は、CRNZが選考パネルによる恣意的な代表選手選考の可能性を減らすために必要であることを理由に、選手に対して代表選手選考に関する十分な機会を与えていないと指摘して、CRNZの主張を退けている。

　また、選考基準としては、U23 Sprint Selection Policyに、U23カテゴリーにて、2015年、2016年の大会で9位以内を達成できること、あるいはその可能性を示す相当なパフォーマンス向上が見られること、と定められていたところ、CRNZは達成できる者がいないと決定し、選考を見送った。
　しかしながら、STNZパネルは、CRNZが、選考対象大会とされていたU23オーストリアGP2大会でのK1 200種目のB決勝で申立人が2位であったこと、オーストラリアGP1大会でのK1 200種目でも申立人が9位であったことなどを過小評価していたことや、またケガが治っていたにもかかわらず、2015年U23世界選手権の選考対象大会であった2014年世界選手権のK2 200種目に申立人を参加させていなかったこと、2015年のU23選考会においても、水上でのトライアルがなかったばかりか、それ以外のトライアルでの申立人の目覚ましいパフォーマンスも過小評価されていたこと、申立人の行動や性格について、いい加減で攻撃的などの不公平な評価がなされていたこと、2015年のニュージーランド選手権について、コース状況の問題でK1 200種目で申立人が5位であったことやU23 K1 200種目の決勝では申立人が45分遅れの3位であったことを過度に評価されたこと、などを理由に、申立人のパフォーマンスに対する検討不足があるとして、こちらもCRNZの主張を認めなかった。

　その上、STNZパネルは、CRNZの選考手続規程に関する数多くの違反（特にCRNZ理事会に選考の事実や理由が知らされていなかった点）や、選考パネルに申立人のパフォーマンスに対する検討不足があることを理由として、CRNZの決定を取消すだけでなく、さらには、CRNZによる適正な代

表選手選考ができないとして、仲裁規則第49条（b）（ⅱ）を用い、STNZ史上初めて、申立人を選考する仲裁判断も行っている。

　STNZパネルは、仲裁規則第49条（a）によりスポーツ団体への差戻しが原則であることや、STNZが代表選手選考に関する十分な知識と専門性を有しないこと、上記SDT 01/04; SDT 02/04; SDT 03/04 Andrew Murdoch and Others v Yachting New Zealand（YNZ）におけるCASの仲裁判断に、仲裁規則第49条（b）の適用は選考基準に沿うことが期待できない場合に限定すべきだと指摘されていることにも言及しているが、このような慎重な検討の中でも申立人を選考する仲裁判断を行った。

　本件では、選考手続に関する瑕疵のうち、特に理事会に対する選考結果及びその理由の報告がなく、理事会において審査ができなかったことや、選考パネルによる決定において、一部の選考対象大会の結果だけに著しく重点を置いた点が問題とされ、CRNZの決定が取消されている。

　これはすなわち、選考手続に関する瑕疵についても、選考パネルの恣意的選考を防ぐ観点から定められている理事会の実質的レビューの重要性を示すものである。また、選考基準の評価に関しても、単純に一部の選考対象大会の成績だけで形式判断するのではなく、その内実や他の客観的評価要素も全て評価対象とすべきとしている点では、客観的評価に関しても、その対象範囲及び具体的事情については全て検討が必要であることを示している。

　また、申立人自体を選考する仲裁判断を行ったことは、より踏み込んだレベルでの司法審査を行った、ということであり、複数にわたる選考手続に関する瑕疵や、特に理事会による実質的なレビューができていないことが、代表選手選考の公正、透明性の観点からいかに重要であるかが明らかになった。

⑥ ST 07/16 Kane Radford v Swimming New Zealand（SNZ）
　本件は、2016年リオデジャネイロオリンピック、男子オープンウォーター10キロ代表選手選考事案である。

SNZ の選考基準としては、いわゆる NZOC への推薦基準として、①オリンピックで 16 位以上を達成できる能力を有し、8 位以内に入る可能性を有していること、②①のレベルを証明する十分な成績記録を有していることに従った内容であったが、選考パネルは、2016 年のポルトガルでの選考対象大会での成績（トップと 34 秒差の 19 位）、2015 年の世界選手権以外に近年のワールドカップでの成績があまりないこと（出場していない）を理由に、②の要件にある十分な成績記録がないとして、選考しなかった。

　しかしながら、STNZ パネルは、申立人が、選考対象大会ではないものの、2015 年 6 月のポルトガルワールドカップの成績（トップと 8 秒差の 11 位）、2015 年 5 月のメキシコワールドカップの成績（トップと 16 秒差の 16 位）、その他 2014 年 8 月のハワイパンパシ大会の成績（トップと 2 秒差の 3 位。2 位の選手はオリンピックに出場）などの成績記録を有していることや、SNZ のハイパフォーマンス育成コーチのレポートも適切な評価要素とすべきこと、2016 年の選考対象大会の成績は、ラスト 250 メートルの時点では 10 位であったものの、他国のスイマーの妨害により推進力を失い、タイムを損したことや、専門家がそのタイムロスは 15 秒ほどになるという評価をしていることなどを理由に、SNZ の決定を取り消した。

　本件は、上記 ST 05/15 Andrew Roy v Canoe Racing New Zealand (CRNZ) と同様に、代表選手選考の客観的評価に関しても、その対象を単純に選考対象大会の成績だけに限るのではなく、他の客観的な評価要素全般を行うべきであること、選考対象大会の成績に至った経緯も評価要素であることを示した事案である。こちらも、単純に大会成績だけで形式判断するのではなく、その内実や他の客観的評価要素も全て評価すべきとしている点では、客観的評価に関する司法審査のあり方として興味深い。

5　考察

　以上の各事案の検討を踏まえ、スポーツ団体が実施する代表選手選考における専門性、自律性と公正、透明性というスポーツガバナンスの視点と

のバランスの中における、STNZ の代表選手選考事案におけるスポーツ仲裁による司法審査のあり方については、以下の結論を導くことができる。

① **STNZ パネルの権限**

　まず、STNZ パネルの権限としてスポーツ仲裁による司法審査がどこまで及んでいるのかについては、申立認容事案①の SDT 01/04; SDT 02/04; SDT 03/04 Andrew Murdoch and Others v Yachting New Zealand（YNZ）、申立認容事案③の ST 02/11 Samantha Michael v New Zealand Federation of Roller Sports（NZFRS）にて示されているとおり、代表選手選考の妥当性というスポーツ団体による評価を再度行うことではなく、その過程や手続に関する審査に限定されることが明らかになっている。また仲裁規則第 42 条において、原則的に取消事由が限定されており、STNZ パネルの権限としても、取消事由の有無が検討されるだけである。

　これは、スポーツ仲裁による司法審査がスポーツ団体の専門性を尊重し、例えば、選考対象大会の成績や世界ランキングの意義、軽重などの評価については踏み込まず、取消事由にしない、ということであるが、他の STNZ パネル事案でも踏襲されている。

　この点、スポーツ仲裁による司法審査が及ばないということではあるが、むしろ仲裁パネルの権限を明確にし、また取消事由を限定することで、スポーツ仲裁の判断対象、判断手法が明確に示されており、代表選手選考を行うスポーツ団体にとって公正、透明性を担保するために何を留意すべきなのか、代表選手選考の過程や手続、取消事由とされる 4 要件が重要であることを示しているともいえる。

② **客観的評価における取消事由**

　STNZ パネルによる司法審査では、スポーツ団体が行う代表選手選考に関する客観的評価について、前述のとおり妥当性の審査には踏み込まないが、取消事由が全く認められていないわけではない。

　まず、申立認容事案②の ST 07/08 Liza Hunter-Galvan v Athletics New Zealand（ANZ）、申立認容事案⑤の ST 05/15 Andrew Roy v Canoe

Racing New Zealand（CRNZ）、申立認容事案⑥の ST 07/16 Kane Radford v Swimming New Zealand（SNZ）で指摘されていたとおり、選考対象大会や世界ランキングなどの数値だけを形式的に評価するだけでは足りず、その大会状況やケガからの回復状況など、他の客観的評価についても検討をしなければ取消になることが示されている。

また、申立認容事案③の ST 02/11 Samantha Michael v New Zealand Federation of Roller Sports（NZFRS）、申立認容事案⑤の ST 05/15 Andrew Roy v Canoe Racing New Zealand（CRNZ）、申立認容事案⑥の ST 07/16 Kane Radford v Swimming New Zealand（SNZ）で指摘されているとおり、客観的評価の対象となる要素のうち、特定の要素だけを採用し、他の要素の評価を怠ることが取消事由になることも示されている。

これはすなわち、代表選手選考に関する客観的評価について、評価の方法に関してはスポーツ仲裁による司法審査の対象となり、少なくとも評価要素の検討不足は取消事由になることを示している。

③ 客観的評価を尽くした上での主観的評価、裁量の取扱い

続いて、申立棄却事案①の SDT 16/06 Katrine Lawton v Mountain Bike New Zealand で指摘されていたように、STNZ パネルは、代表選手選考に関する客観的評価を尽くした上での主観的評価については、スポーツ団体の専門性を尊重する姿勢を明確に示している。

また、SDT 17/06 Timothy Madgwick v Mountain Bike New Zealand、ST 13/10 Garth Shillito v Fencing New Zealand においては、客観的評価の対象となる要素が複数あり、それらを全て検討した上で、どの客観的評価を用いるのかが裁量に委ねられるのであれば、選考パネルの裁量を尊重する意味で取消事由にはなっていない。

この点、もちろん完全に選考パネルの主観的評価に委ねられてしまうと、選考パネルの恣意的な選考の可能性も生まれる（なお、STNZ 事案に関しては、何ら客観的な選考基準がない、又は主観的な選考基準のみしかないという事案はない）が、客観的評価を尽くした上であればこのような可能

性も小さくなり、スポーツ団体の主観的評価や裁量における公正、透明性は担保されるということであろう。

④ 手続規程違反における取消事由

そして、代表選手選考に関する手続規程違反については、STNZパネルの司法審査の対象になるものの、結論の変更可能性がないことや代表選手選考そのものの妥当性を失わせないとして、取消事由にならないことが多い[13]が、取消事由になる事案もあった。

例えば、申立認容事案⑤のST 05/15 Andrew Roy v Canoe Racing New Zealand（CRNZ）においては、複数にわたる手続規程違反があっただけでなく、特に代表選手選考の公正、透明性を担保するために設けられている、スポーツ団体の理事会の最終判断の機会に関して、十分な情報提供と検討がなされていないことが取消事由になっている。

その他、申立棄却事案②のST 12/15 Kate Henderson v New Zealand Water Polo（NZWP）においては、STNZパネル全員一致の取消事由にならなかったものの、反対意見として、選考パネルの指名手続が行われた証拠がなかったことや選考パネルの人数が足らなかったことが取消事由になることが示されており、選考パネルの管轄の問題が代表選手選考の公正、透明性に関し重要であることが示されている。

⑤ NZOCの推薦基準改定による利益衡量の高度化

最後に、代表選手選考に関するSTNZパネルによる司法審査において、2008年北京オリンピックから改定されたNZOCへの推薦基準は、大きな影響があった。

それまでのSTNZパネルの仲裁判断においては、いささかスポーツ団体の選考基準自体が不明確な事案や、選考パネルの裁量の範囲が明確でない事案もあったものの、全体として代表選手選考の結論が不合理でないことなどを理由に、スポーツ団体の決定を尊重する傾向が見られた。

もっとも、NZOCへの推薦基準が改定されてからは、そもそもスポーツ団体が客観的評価をベースとし、主観的評価の対象も明確な選考基準を用

いるようになったため、STNZ パネルの仲裁判断においても、むしろ客観的評価の対象となる要素の範囲や具体的事情の検討の有無、重点の置き方などに論点が高度化することになっている。より細かな利益衡量が行われるようになっているということであり、望ましい方向といえよう。

6　おわりに

本稿では、ニュージーランド・スポーツ仲裁裁判所（STNZ）の代表選手選考事案を通じて、スポーツ仲裁による司法審査のあり方を考察した。

先行研究によれば、スポーツ団体が実施する代表選手選考における専門性、自律性が尊重されるべきこと、代表選手選考の公正や透明性が重要であること、仲裁判断の緊急性と相まって取消判断に消極的になる傾向などが指摘されるに過ぎなかったが、STNZ という1つのスポーツ仲裁機関の仲裁判断を横断的に考察することで、ニュージーランドの代表選手選考に対する、スポーツ仲裁による司法審査のあり方を明らかにすることができた。

ただ、代表選手選考におけるスポーツ仲裁による司法審査のあり方は、STNZ という1つのスポーツ仲裁機関だけを検討して明らかになるものではない。少なくとも、代表選手選考事案が数多く取り扱われている、スポーツ仲裁裁判所（CAS）、Sports Resolutions（イギリス）、Sport Dispute Resolution Centre of Canada（カナダ）の事案もそれぞれ考察の上、国際比較をしなければ、代表選手選考におけるスポーツ仲裁による司法審査のあり方は見えてこないだろう。これらの考察については別稿に続かせていただきたい。

以上

【注】
(1) 小川和茂、「選手選考にかかる仲裁判断例に関する一考察」、上智大学法科大学院、「スポーツ仲裁のさらなる発展に向けて－仲裁・ADR・交渉の研究と実践－報告書」、2006、p.151-162
(2) 八木由里、「オリンピック日本代表選出における紛争と ADR 制度」、日本スポーツ法学会年報第 14 号（2007）、2006、p.152-162
(3) JSAA-AP-2004-001 号（馬術）事件など

(4) Ian Blackshaw, *Sport, Mediation and Arbitration*, T.M.C. ASSER PRESS, 2009, p.177-189, その他 Robert C.R. Sielmann, *Lex Sportiva: What is Sports Law?*, T.M.C. ASSER PRESS, 2012 参照
(5) 小寺彰、「国際スポーツ法」、道垣内正人、早川吉尚編著、「スポーツ法への招待」、ミネルヴァ書房、2011、p.95-113
(6) 石堂典秀・高松政裕、「スポーツ仲裁裁判所と世界アンチドーピング機構による法規範（Lex Sportiva）の形成－オリンピック代表選考基準をめぐる仲裁事例を通じて－」、日本スポーツ法学会年報第 21 号（2014）、2013、p.88-105
(7) なお、JSAA の仲裁判断の整理については、多田光毅・石田晃士・椿原直編著「紛争類型別スポーツ法の実務」、三協法規出版、2014、p.152-176 参照
(8) Elizabeth Toomey, Colin Fife, *New Zealand, International Encylopaedia for Sports Law*（Kluwer Law International BV, Netherlands）, 2008, p.51
(9) 文部科学省「平成 22 年度諸外国におけるスポーツ振興政策についての調査研究」（ニュージーランド）
(10) なお、STNZ が公表しているレポートによれば、2016 年 6 月 30 日段階で全 174 件、ドーピングでない事案が 67 件、そのうち代表選手選考事案は 33 件とされている。2016 年 6 月以降に公表されている代表選手選考事案が 3 件あることを考えれば、それまでに公表されていない事案があるのであろう。
(11) Elizabeth Toomey, Colin Fife, *New Zealand, International Encylopaedia for Sports Law*（Kluwer Law International BV, Netherlands）, 2008, p.33
(12) 選手選考自体については、選考パネルが、優先順位として、スペシャリストポジションについてベストな選手、複数のポジションがこなせる選手、その後、いい守備ができる選手との順番でアプローチを行っており、この選考方法自体は合理的な方法であり、選手に透明性のある形で選考パネルの専門性を活用しているため、問題ないと判断している。
(13) SDT 09/06 Daisy Thomas v Surfing New Zealand など

【原著論文】

イギリスラグビー・フットボール・ユニオンの
チャイルド・プロテクション制度の意義と課題

森　克己
（鹿屋体育大学）

1　序論

　2015年にイギリスで開催されたラグビーワールドカップにおける日本チームの活躍や2016年に開催されたリオデジャネイロオリンピック競技大会での7人制ラグビー男子日本チームの活躍で、近年日本では、ラグビーへの関心が高まっている。その一方で、（公財）スポーツ安全協会による統計資料によると、種目別の傷害発生率で、ラグビーは、アメリカンフットボール、ドッジボールに次いで第3位（5.78％）となっており[1]、ラグビー指導における事故の防止が喫緊の課題となっている。また、2015年1月には全国高校ラグビー大会の常連校の監督が部員への体罰を理由として辞任することが報道された[2]。

　2019年のラグビーワールドカップ日本大会の成功とその後の日本ラグビーの発展のためには、次代を担う子どものラグビー選手が怪我や指導者による暴力のない環境の下で安全にラグビーに取り組む体制を整えることが必要である。

　以上のことを前提として、本研究は、ラグビー指導における子どもへの暴力防止の先進的な制度を有しているイギリスのラグビー・フットボール・ユニオン（以下RFUと略）のチャイルド・プロテクション（以下CPと略）の制度を考察し、その意義と課題を研究することを目的とする。

イギリスでは、1989年子ども法（Children Act 1989、以下CA1989と略）などの制定法により親などによる虐待から18歳未満の子どもを保護するCPの制度が存在し、2001年に全国子ども虐待防止協会（National Society for Prevention of Cruelty to Children、NSPCC）内にスポーツにおける子どもへの暴力防止の専門機関としてスポーツにおける子ども保護局（Child Protection in Sport Unit、CPSU）が設立され、CPの制度がスポーツにも導入された。そして、CPSUのCPガイドラインに基づき、RFUなど各スポーツ団体が独自にCPガイドラインを策定している。

　本研究ではイギリススポーツ団体のCP制度の全体構造及びRFUのCP制度を構成するガイドライン等の内容を考察し、同制度の意義と課題及び日本でのラグビー指導における暴力防止制度の整備に向けた提言を行う。

2　イギリススポーツ団体のCP制度

(1) イギリススポーツ団体のCP制度の沿革

　イギリスのCP制度は、元々スポーツ指導における体罰や虐待だけを対象とするものではなく、CA1989等の制定法により、親等からの子どもに対する虐待防止の制度として整備された。そして、ソウルオリンピックのイギリス水泳ナショナルチームのコーチがかつて勤務した学校等で教え子の少女たちに性的な虐待をしていたことが1990年代の半ばに発覚し、大きな社会問題となったこと等から、スポーツ分野のCPの専門機関としてCPSUが2001年にNSPCC内に設立されて以来、政府から補助金の支給を受けているあらゆるスポーツ団体はCPのガイドラインを策定することが義務付けられるなど、イギリスのスポーツ界全体でCPの制度が整備されてきた。

　但し、イギリスでは、スポーツにおける子ども保護を取扱う特別な立法は存在せず、子ども保護全般に関連する次のような一連の法規や教育省（Department for Education）のガイドラインによってCPの制度が構築されている。

すなわち、① 1989 年子ども法（Children Act 1989）、② 2004 年子ども法（Children Act 2004）、③ Working Together to Safeguard Children 2015、④ 1998 年人権法（Human Rights Act 1998）、⑤ 1997 年警察法（Police Act 1997）、⑥ 1974 年犯罪者更正法（The Rehabilitation of Offenders Act 1974）、⑦ 2005 年重大犯罪及び警察法（The Serious Organised Crime and Police Act 2005）、⑧ 2006 年弱みのある集団保護法（Safeguarding Vulnerable Groups Act 2006）、⑨ 2012 年自由保護法（Protection of Freedom Act 2012）等である[3]。

(2) イギリススポーツ団体の CP 制度の全体構造

イギリススポーツ団体の CP 制度の中心的な法規が前述した CA1989 と 2004 年こども法（Children Act 2004、以下 CA2004 と略）である。次に、これらの法による規定内容について、アンディ・グレイらの論考『子ども保護（Child Safeguarding）』を主に参照し考察した。

1. CA1989 の関連規定

1）CA1989 が定める原則

CA1989 は、「①子どもの福祉は至高の考慮事項である。」「②子どもの意思と見解が考慮されなければならない。」「③最低限度の制定法上の介入が存在すべきである。」「④子どもは安全であるべきであり、子どもが重大な危害の下にある場合、効果的な介入によって保護されるべきである。」「⑤子どもと協働する機関は、子どもの最善の利益の下で協力し協働すべきである。」「⑥可能な限りどこでも、子どもは彼らの家族の下で養育されるべきであり、世話を受けるべきである。」を原則としている[4]。

2）CA1989 中の CP に関する重要規定

CA1989 の規定の中で、CP に関する重要規定は、次のとおりである。

1. 子どものニードの評価に関する規定（17 条）

18 歳未満のあらゆる子どもは、彼らの（保護を受けるかどうかの※筆者注）ニーズの完全な評価を受ける資格を有しており、地方当局がこの評価を実行

する法的義務を有する。また、地方当局はその地域内でニードがある子どもを保護し子どもの福祉を促進する一般的な義務を有する（同条（1）項（a））。

　同法17条（10）項に基づき、子どもは次のような場合にニードがあると定義される。
① 　子どもが、CA1989の本章に基づく地方当局によるサービスの提供がなければ合理的な標準の健康及び発達を達成しまたは維持する見込みがなく、または達成しまたは維持する機会をもつ見込みがない（同項（a））。
② 　その子どもの健康または発達が、そのようなサービスの提供がなければかなり損なわれ、またはより一層損なわれる見込みがある（同項（b））。
③ 　子どもが障害をもっている（同項（c））。

　これらの規定により、ニードがあると評価された子どもは、地方当局が保護する義務をもつ[5]。

2. スポーツ団体と地方当局との関係

　地方当局は、子どもが危険にさらされていると通告された場合は調査する強制的な義務を有する。また、スポーツ団体、専門家または他の人々が彼らの（子どもが危険にさらされている※筆者注）疑いを当局に通告することを要求する強制的な通告法は存在しない。大部分の専門家の団体（professional bodies）は、それらの団体の会員が接触する子どもの福祉に関心がある場合になすべきことを定める会員に対するガイダンスを発行しており、多くのスポーツ団体は、このガイダンスをそれらの団体のCPポリシーに含めている。

　スポーツ団体の会員が接触する子どもの福祉に関して疑いがある場合に何をなすべきかについてはスポーツ団体が定めるCPのガイドラインで定められたところによる[6]。

3. 2004年こども法（CA2004）の概要

1）CA2004の趣旨・目的

　同法（CA2004）は、ビクトリア・クリンビーの虐待死事件のレミング卿の調査報告書に基づき、それまでのCPの制度を改革するために2004年に策定された政策文書「すべての子どもが大事である：子どものための変化」

(Every Child Matters: Change for Children)⁽⁷⁾ で定められた次の5つの結果をあらゆる子どもが達成することができるように子どものサービスを統合する法である⁽⁸⁾。そして、ここでいう「5つの結果」とは、子どもにとって、①健康であれ、②安全である、③楽しみ達成する、④積極的な貢献をする、⑤経済的な幸福を達成する、である⁽⁹⁾。

2）子どもに関するサービスを統合するための仕組み

CA2004は、子どものサービスを統合するため、次のような制度を導入した。

①　子どもの意見及び利益を認識することを促進することに責任を持ち、1989年国連子どもの権利条約を考慮する「子どもコミッショナー」の設置（1～9条）

②　子どものサービス当局による情報共有データベースを設定するための法的基礎（12条）

③　地域子ども保護委員会（ACPC）に代わるよりスポーツや余暇に関連するより広い「保護」協議事項を持つ制定法上の地方子ども保護委員会（Local Safeguarding Children Board、LSCB）の設置（13～16条）[10]

3）スポーツ団体に関する同法の意義

グレイらによれば、CA2004は、スポーツクラブなどのボランティア団体がCPにおいて重要な役割をもっていることを確認している法であるとし、その背景として、前記 Every Child Matters において次のようなことが定められたことが挙げられている[11]。

すなわち、法定の及びボランティアの部門は、果たすべき重要な役割を持っており、ボランティア及び共同体の団体は、子ども、青年、家族に対するサービスの主要な提供者であること（1.9）[12]。さらに、子ども、青年へのサービスの提供者は、5つの結果に対して働くことにおいて重要な役割を持っており、スポーツ及びプレイの団体内で働く人々が含まれること（1.10）である[13]。

ここで示されているように、Every Child Matters が掲げる5つの結果を達成するための法として制定されたCA2004は、子どもの福祉を実現するためスポーツ団体等のボランティア団体が重要な役割を果たすことを確認して

いるということができる。

4）子ども・青年の幸福促進のために協力する義務

　CA2004・10条により、地方当局及びそのパートナー（警察、ヘルスサービス提供者等を含む）及び他の適切な団体（ボランティア及び共同体の団体など）は、子ども及び青年の幸福を促進するために協力する義務が課されている。そして、「ボランティア及び共同体の団体」にはスポーツ団体が含まれる。また、この義務に関する地方当局の権限は、それらの提携がどのようにして構築され運営されるか等を決定することである[14]。

3　RFUのCP制度の概要

(1) RFUのCP制度を構成するガイドライン・規則

　RFUのCP制度は、次のガイドライン・規則を中心に構成されている。

　すなわち、①RFU Safeguarding Children Policy Guidance & Procedures、②RFU Safe Guarding Toolkit、③Touring with Children Guidance、④Regulation 21である[15]。

　これらのうち、①の内容を中心に、以下においては、RFUのCP制度を考察する。

(2) RFUのCP制度の主要原理

　RFUの保護方針（Safeguarding Policy）は、次の4つの主要原則に基づいている。

　すなわち、①子どもの福祉は至高である、②あらゆる参加者は、年齢、性、能力または無能力、人種、信条、背格好、言語または性的アイデンティティにかかわらず、危害から保護される権利をもっている、③危害及び懸念に関するあらゆる申立、疑いは深刻に受け取られ、迅速、公平、及び適切に対応される、④あらゆる人が、子どもの福祉、健康及び発達を促進するために協働する、である[16]。

(3) より安全な採用

子どもはラグビーユニオンの活動に安全で楽しく参加する資格がある。そして、クラブや構成団体が子ども虐待の危険を減らすための安全な採用手続き（Safe recruitment）の仕組みが、DBS（Disclosure & Barring Service）によるチェック制度である[17]。

この DBS によるチェック制度について、RFU の Regulation 21 では、イングランドのラグビーユニオンで子どもと規制された活動（Regulated Activity）[18] で働く大人は、RFU の DBS プロセスの要件に従わなければならないと規定する。そして、その要件として、RFU の Safeguarding Team により適性が調べられる DBS 開示（DBS disclosure）に彼らの雇用または任命から4週間以内に申請すること、RFU の要請に基づき、RFU の規制された活動で働くことに関わることへの適合性の証明書を提出すること等が挙げられている（2.1条）[19]。

(4) DBS によるチェック制度の結果

1. DBS による開示の結果

RFU の DBS プロセスに従うことができない人または DBS によって潔白が証明されない人は、ラグビーユニオンの活動に参加することから排除される（2.2条）[20]。

2. 有効期間

DBS による開示は、3年間 RFU により有効とされる。（2.3条）[21]

(5) RFU による排除（Barring）

まず、Regulation 21 の3.2条では、RFU によってその人物が排除される場合として、Legal Officer が、犯罪に関して有罪を宣告されたとの通告、または、犯罪の嫌疑を受けて捜査対象になっているとの通告、子どもに危害の危険を冒している等の情報を受領した場合等が挙げられている[22]。

次に、Regulation 21 の3.3条では、排除を課すに際して Legal Officer に

より考慮される事項として、次の項目を挙げている。すなわち、(a) ある子どもが危害の危険にあるかどうか、(b) 申し立てられた問題または犯罪が深刻な性質であるかどうか、(両方またはいずれか一方)、(c) 排除が、ある子どもまたは子ども達を保護するために必要であるかまたは望ましいかどうか、である(23)。

また、Legal Officer が排除を課すに当たり個人に通知する内容は、Regulation 21 の3.4条によれば、(a) 排除が課された理由、(b) その決定に対する上訴の通告が当日から14日以内であること、(c) 上訴期間が経過したまたは上訴が棄却された場合に RFU の保護チーム(Safeguarding Team)は法定の当局に通知することが挙げられている(24)。

さらに、Regulation 21 の3.6条により、RFU は、当該個人に対して迅速に排除の詳細を通告すること、同排除の通告は、当該クラブ、関連する構成団体、レフリー協会にコピーが交付される。また、照会および通告は、関連当局、他のスポーツ統制団体、そのような他の個人、知ることが必要な団体にもなされる(25)。

また、Regulation 21 の4.2条により、排除を受けた個人は、Legal Officer による排除を課す決定が当該状況において不合理で不当であるという理由に基づく場合にのみ Appeal Panel に上訴する権利をもつ(26)。

(6) 虐待の類型

RFU の保護方針では、次の5つの類型の虐待を定めている。
1) 身体的虐待：殴る、揺さぶる、投げる等、子どもに身体的に危害を加えること。

また、この類型のスポーツにおける例として、行き過ぎた体罰を含み、子どもの未成熟かつ成長しつつある能力や障害の限界を超えるトレーニングや競争を子どもに強いること、人を攻撃すること、子どもがパフォーマンスを向上させる薬物を与えられ、または子どもの場合、成熟期を遅らせることを挙げている。

2) 性的虐待：子どもに対する性的な活動への参加の強制、不適切な接触、性的行為等。

3) 心理的虐待：子どもの発達に厳しくかつ一貫して反対の影響を及ぼすような子ども　の一貫した虐待。子どもに対して価値がなく、愛されていない、不適切であり、彼らが他人のニーズを満たす限りにおいてのみ価値があると伝えることなどが含まれる。

　また、この類型の虐待のスポーツにおける例として、子どもへの継続的な批判、名前を呼ぶこと、あざけりやいじめにさらすこと、子どもを定期的に活動から排除すること、チームに選ばないこと、ポジションに交代でつかせないこと、または子どもをじろじろ見たり無視することのような、より理解しがたい行為を含む。また、選手を非現実的な高い水準を達成するよう継続的な圧力の下に置くことも含まれる。

4) ネグレクト：ネグレクトは、子どもの基礎的な身体的かつまたは心理的ニーズを継続的に満たすことができないことであり、彼らの健康及び発達が重大な故障に至る傾向がある。ネグレクトは、親が子どもに適切な食べ物、衣服、住居を提供することができないこと（家からの排除や遺棄を含む）を含み、子どもを身体的または心理的な害または危険から保護することができないことなどを含む。

　また、この類型の虐待のスポーツにおける例として、子どもが安全であることを保証しないこと、子どもを過度の寒いまたは暑いまたは不適切な天候条件にさらすこと、または子どもを怪我の不必要な危険にさらすことが挙げられている。

5) いじめ：いじめはしばしば、5番目の虐待の類型であるとみなされるが、いじめが発生すると、それは通常4つの確認された類型のうち一つ以上の要素をもっている。

　いじめっ子は、過度の圧力をかける親、「勝利至上主義」の姿勢をするコーチまたは経営者または他の脅迫している子どもである可能性がある。また、いじめは、社会的なネットワーキングのサイト、e-mailまたはテキストメッ

セージのバーチャルな世界で起こりうる。また、いじめは、多くの形態をとっているが、犠牲者がいじめられているかどうかを決定するのは、いじめっ子の意思ではなく、究極的には、犠牲者の認識である。また、どんなラグビークラブまたは活動においてもいじめの機会は存在する[27]。

(7) 最良の実践（Best Practice）の提示

　RFU は、子どもの安全と幸福が最高に重要であることを考慮し、構成団体、クラブ、それらのボランティア及び被用者が子どもにとって安全、好意的、歓迎する環境を創造するために必要な「最良の実践」（Best Practice）を次に挙げる1）〜17）の各項目について提示している。以下においては、これらの概要を考察する。

1）安全な環境（Safe Environments）

　RFU は、「安全な環境」を「虐待の可能性が公に認識されている環境」であるとし、疑わしいこと及び懸念を報告する人々は、これらが重大かつ秘密裏に取扱われることを確信するとする。

　そして、安全な環境の維持にとって重要なものとして、次のとおり「コミュニケーション」を挙げている。その具体的内容は、シーズンの初めに親に与えられる情報（CSO の名前など）、子どもに対して情報を提供する正しく適切な方法を選択すること（親への email や電話）、子どもに影響を与えることに関して子どもの意見を聞くこと、緊急時の連絡手段を考えること（携帯または地上通信線）、電話、email、テキストを経由して送られる子どもに関連するメッセージは、親または保護者を通して行い、直接的な子どもとの個人的コミュニケーションは、例外的な状況でない限り避けるべきであるとする[28]。

2）採用（Recruitment）

　RFU は、クラブは適切な子どもの要員（workforce）を持つべきであり、「子どもに脅威を与えるかもしれないどんな人も排除するためにあらゆる合理的な手段がとられるべきである」とする。そして、その具体的方法として、子どもの要員の新たなメンバーを採用する場合、クラブはクラブにとって見知

らぬあらゆる人に書面による証明書を依頼することを考慮すべきこと、その証明書をクラブが確認することを挙げている[29]。
3）トレーニング（Training）
　RFU は、この項目で、次のとおりトレーニングの必要性を掲げている。
①コーチングの役割をもつあらゆる大人：クラブは、適切なラグビーユニオンコーチングコース及び「Play It Safe コース」に参加するよう促すべきとする。「Play It Safe コース」は、あらゆるクラブメンバーにとって企画される導入レベルの保護コースである[30]。RFU の HP によれば、各クラブで夜間または週末に行われる3時間のコースであり、「最良の実践」を確認しそれをラグビー内に適用することなどを内容とする[31]。
②クラブ保護オフィサー（Club Safeguarding Officer）
　任命後6月以内に、彼らの役割及び責任を取り扱う RFU の「In Touch」ワークショップに参加する。出席しないと、その役割の継続が不可能になる。このワークショップは、4時間のコースで行われ、RFU のクラブ保護オフィサーの役割と責任の説明や、最良の実践を促進するため職員やクラブ会員の役割を確認すること等を内容とする[32]。
4）監督（Supervision）
　RFU は、この項目で、安全な環境を提供するための監督の必要性について、次のとおり規定している。
①クラブは、それらのボランティア及び被用者が子どもと協働する時に親や他のボランティアのいないところで離れて活動することがないようにすべきである。
　DBS の情報提供（刑事記録の情報開示）を待つ間も、ボランティアや職員は、DBS の審査を実施する者による監督を受けなければならない。
②選手の受傷(怪我)が重大な手当てを必要とする場合、コーチがいないかチームから離れている場合、監督の水準が適切に DBS のチェックを受けた大人によって維持されうることが保証されるべきである。但し、緊急の場合、負傷した選手の手当を第一（最優先）にすべきであり、残りの選手を監督するため

に利用できる適切にDBSチェックを受けた大人が不十分な場合、明らかに、他の責任ある大人が介入するよう依頼される必要がある。要するに、クラブで子どもと関わるボランティアや被用者が人目のないところで子どもと関わらないこと、資格のある大人による監督が必須であることを定めている[33]。

5）大人：子どもの比率（Adult: Child Ratios）

　子どものあらゆるグループに責任をもつ少なくとも一人のDBSのチェックを受けた大人が常に存在すべきであるとするとともに、RFUは子どもに対する大人の最小限の比率を次の通り規定している。すなわち、

・1対10　8歳を超える少なくとも9歳の子どもに関して
・1対8　8歳以下の7歳及び8歳の子どもに関して
・1対6　7歳未満の子どもに関して[34]

6）遠征に関して（On Tour）

　RFUは、この項目で、遠征に際してのDBS証明書が必要な大人の数について次のとおり定めている。

①もし遠征において自分自身の子どもを支援する大人がただ一人の場合、彼らはDBSの証明が必要でない。

②他の子どもとともに公式な地位の下で行動する場合、DBSの証明が必要である[35]。

7）子どもとの不適切な関係

　RFUは、信頼される地位（position of trust）にいる大人は、子どものケアにおいて子どもと性的な関係に入ってはならないとする。そして、16歳未満の子どもとの大人による性交、性的活動、不適切な接触は、刑事犯罪である。また、16歳以上の子どもと信頼される地位の大人との性的な関係は、信頼の違反であり、大人の地位の濫用である。それは刑事犯罪ではないが、重大に扱われ、ラグビークラブに参加することの停止を含めRFUの懲戒活動に付されるかもしれないこと等が定められている[36]。

8）障害のある子どもの保護

　RFUは、障害のある子どもと家族は、付加的な情報、援助、支援を必要

とするかもしれないこと、クラブの有給またはボランティアの要員は、彼らが障害のある子どもや家族を対象とし、彼らの保護を保証するため訓練及び助言を要求するかもしれないとする。

そして、子ども達の中には、より高度の身体的ケア及び支援を必要とし、限られたコミュニケーション技術しか持っていないため、不適切な介入に抵抗することが難しいこと等から他の参加者よりも危害の影響を受けやすいと思われる子どもがいるとする。さらに、RFU は、自閉症、注意欠陥機能障害、及び他の様々な機能障害など問題の広いスペクトラムの結果として、子どもの中には、付加的な弱みのあることに気づくことも重要であることを定めている[37]。

9) 良いロールモデル（Good Role Models）

RFU は、子どもの要員（workforce）は、高い水準の個人的な行為及び外観を継続的に示すべきであり、彼らの選手の前で不健康と思われる仕事は控えるべきであるとする。

そして、彼らは、子どもに対して性的に明白なコメントをしてはならないし、わいせつなまたは卑猥な言葉の使用や子どもが不愉快に感じたり自信や自尊心を失わせる言葉遣いは容認できないとする[38]。

10) アルコール（Alcohol）

RFU は、あらゆるラグビークラブの経営委員会は、彼らが責任のある認可された人であることを保証するために積極的な行為とみなされることをすることが重要であるとする。また、「18 歳未満の人にアルコールを販売すること。」「18 歳未満の誰かのために大人がアルコールを買いまたは買おうと試みること。」「18 歳未満のある人がアルコールを買い、またはアルコールを買おうと試み、またはアルコールを売られること。」等は違法であること、さらに、子どものための訓練授業及びゲームで大人の飲酒の習慣はアルコールに対する子どもの態度及び心理的安寧に影響を及ぼすかもしれないこと、ロールモデルとして、大人は子どもの面前で過度の飲酒を避けるべきであることを定めている。

さらに、RFU は、「予期しないことが常に発生しうる。どんな緊急事態も取扱い、彼らがケアする子どもの安全と福祉を管理するために飲酒を控える大人が常に存在すべきである。」ということを注意的に定めている(39)。

11）コンタクトラグビー（Contact rugby）

　RFU は、子どもの安寧と安全は、パフォーマンスの発達以上に位置づけられるべきであるとする。そして、接触の技術は、関連する選手の身体的接触に十分な敬意を払う安全、確実な方法で語られるべきであるとする。

　大人と子どもは、練習試合または接触練習を含めて一緒に接触バージョンを決してしてはならない。そして、試合が適切に運営され組織される場合に、大人と子どもは、タグラグビーまたはタッチラグビーを一緒にすることができるとする(40)。

12）コーチング技術（Coaching techniques）

　RFU は、大人と子どもの不適切または攻撃的な接触は容認できず、コンタクトラグビーを教える時は多くの原則が従われるべきであるとし、具体的に次の事項を挙げている。

・コーチによる身体的な手で触れることは、安全のため、または技術のコーチングの他の方法がない場合にのみ使用されるべきである。（RFU の Level 1 Coaching Award）

・身体的接触の理由は、子どもと他の大人がこのアプローチが気持ちよく受け入れられるように実行可能なところではどこでも説明されるべきである。

・活動はいつも公開された環境でかつ他の大人の面前で行われるべきである(41)。

13）身体的介入（Physical Intervention）

① RFU は、選手、コーチ・チームマネージャー・親、レフリーの立場の違いによって競技場での身体的介入の姿勢の違いを次のとおり指摘している。

　すなわち、競技場における規律は、選手の責任であり、コーチ、チームマネージャー、親は、競技場の内外で彼らの選手間の良い規律を常に促進すべきである。また、ゲームの規則に反する競技場における規律の欠如を罰す

るのはレフリーの責任であるとする。そして、コーチ、マネージャー、観客は、競技場に介入すべきでなく、入るべきでないとする。

② 個人が子どもが負傷すること、自分自身や他人を傷つけることを防止するために介入するかどうかを考慮する状況では、身体的介入は絶対的に必要である以外は常に避けられるべきである。そして介入する場合には、「最初に口頭による指導をする。」「最小限の合理的な力を行使する。事故を解決するために必要で、その目的が抑制的で危険を減らすことである場合にのみである。」こと等が絶対必要であるとする。

③ 身体的介入は、教育において「積極的な手法（Positive Handling）」としてしばしば参照され、その行為が差し迫った懸念であり、または他の子どもが関わる子どもの最善の利益の結果を達成するためにのみ使用されるべきであり、罰の一形態としては決して使用されるべきではない[42]。

14) 更衣室及びシャワー（Changing rooms & Showers）

　この項目では、大人と子どもは、シャワーまたは着替えのために同時に同じ施設を使用してはならないこと、大人は、貧困な実践、負傷または病気により絶対的に必要な場合にのみ更衣室に入るべきであること、同じ施設が同じ日に大人と子どもによって使用される場合、明確な予定表が確立されるべきであること等が定められている[43]。

15) 送迎（Transportation）

　この項目では、まず、ほとんどの場合、子どもをクラブにまたはクラブからまたは指定された集合場所に送迎する責任を持つのは、クラブではなく親の責任であるとし、親が彼らの間で準備をする場合、これは私的な配置であり、親の裁量においてであるとする。

　また、クラブが著名な営利のコーチ会社からコーチを雇う場合、同会社は、適切に維持され保証された乗り物を提供し、適切に資格のある運転手を提供するとみなす資格が与えられる。さらに、子どもは同伴者なしに移動してはならないこと、クラブのメンバーは、子どもとともに移動しなければならず、その大人の接触の詳細は、子どもと接触する理由のあるどんな大人にも

容易に利用できるべきであることが定められている。

　また、クラブがミニバスや人々の運搬車の使用などによる輸送を正式に用意する場合、（親の間の旅行手段を用意することと反対に）クラブは、「運転手が正式な運転免許を持ち、信頼性を調べる規準を含めて採用手続きが従われ、適切な保険等が用意される。」「その車は乗客の数に適合し、機能的な安全ベルト及び適切な子どものカーシートを備えている。」「親は同意を与え、運転手の連絡先の詳細を持っており運転手は携帯番号を含め親の連絡先の詳細への容易なアクセスを持っている。」「親自身の子どもを除き、子どもは運転手のいる車に一人で残されない。子どもが可能であれば車の後部に座るべきであること」等を保証すべきであることが定められている[44]。

16) 写真の画像（Photographic Images）

　RFUは、ラグビークラブにおいて子どもの適切な画像をとることを歓迎し、そのスポーツの中心価値を祝福する適切な写真がとられるように親及び子どもの要員の人々に関するガイダンスを発展させてきた[45]。

　その一方でRFUは、写真の画像の使用と関連する危険が存在するとし、RFUの写真の画像及びプロの写真家に関するガイダンスが、Safeguarding Toolkitに掲載されている。同Toolkitでは、子どもに通じる個人的な情報は使用されてはならないこと、子どもの名前を挙げるときは書面による親の同意を得ることを保証し、その画像がどのように使用されるかを親が知らされることが必要であるとし、このことはプレスリリースを発行したり試合の報告を発行する時に特に重要であること等が定められている[46]。

17) 電子素材／メディアの共有（Sharing of electronic material／media）

　RFUは、クラブ及び構成団体は、Safeguarding Toolkitで利用可能な電子ガイダンス（Cyber-Guidance）に含まれている助言に精通すべきであるとする。そして、ウェブサイトは、子どもと連絡をとるための積極的な方法になりうるが、インターネットの使用には危険が伴うこと、ラグビークラブは、それらのウェブサイトの内容に法的に責任があり、子どもに直接的または間接的に危害を与えうるであろう何物も含まれるべきではないこと、子ども

113

と一緒にどんな形態でもメディアを通して性的に明白なまたは不適切な素材を共有することは容認できないことに気づくことは重要であること等が定められている[47]。

(8) 子どもの福祉及び安全への懸念に対応する手続の提示

　RFUは、CP Policyの最後の2章で、子どもの福祉と安全に関する懸念にどのような手続きに基づいて対応すべきであるかについて、次のとおり提示している。

　まず、RFUは、「子どもを保護することはあらゆる人の責任である。」ことから、ラグビーの誰もが自らまたは他人が子どもに関して抱くどんな懸念または大人の行為にも反応する責任を持ち、また、これは、ラグビーの環境内外で生じる懸念に関連するとする。

　また、この方針の文脈内の危害は、子どもの身体的または心理的健康または安寧に決定的な影響をもつ活動または行為であり、危害は、しばしば、ネグレクト、虐待またはいじめとして参照されるとする。

　さらに、危害は、貧困な実践として始まり、叫ぶこと、過度の訓練、健康及び安全ガイドラインを無視すること、クラブの保護政策に従えないこと、多種多様な一団の年齢グループの貧困な運営、特別のチームに対するひいきまたは差別すること及び選手の間違いをあざけることを含む。

　そして、貧困な実践でも危害の疑いでもないものは無視されるべきであり、身体的、性的、心理的、いじめまたはネグレクト、危害についてとられるべき手段は、CP Policyに掲載されたフローチャートに基づいて手続きがとられるべきであるとしている。

　さらに、RFUのCP Policyの「危害の兆候」の項目では「ラグビー環境において危害の兆候が無視されないことが重要である。」とし、一人の子どもに表れる次のような兆候が危害の兆候であるとして例示している。すなわち、「いつものルーティーンを変えること」「説明されない切り傷や打撲傷」「他の子どもをいじめ始めること」「しばしば不潔になり、空腹になり、不適切

に着飾ること」「トレーニングまたはクラブ活動に参加することを望まないことまたはクラブを離れさえすること」等である。

そして、上記の指標は、常に重大に受け取られるべきであり、どんな懸念もクラブ保護オフィサー（CSO）に報告されるべきであり、CSO がいない場合は、構成団体保護マネージャー（CBSM）または RFU Safeguarding チームに最も早い可能な機会に報告されるべきであるとする。また、その場合の報告は、RFU Initial Issue/ Concern Reporting Form により書面でなされる。

また、子どもの安全または福祉について疑いまたは懸念を認識する個人は、CSO になるべく早く伝達しなければならず、彼らがその子どもが差し迫った危険にあると感じる場合は、法定の機関（地方子どもサービスまたは警察）が直ちに接触されるべきであると定めている。さらに、子どもに関するあらゆる事件、疑い、懸念は、RFU の Safeguarding チームになるべく早く報告される。事件が警察によって調査されると、同チームは警察と連携し警察の調査に先立ち RFU の懲戒手続きを進めるべきかどうかを議論する等、RFU による手続がとられることになる[48]。

以上が RFU の CP 制度の概要である。序論で述べたように、イギリススポーツ団体の CP 制度は、CPSU が策定した CP ガイドラインに基づき、各スポーツ団体が CP ガイドラインを策定しているため、CP 制度の根幹部分は、すべてのスポーツ団体に共通している。すなわち、虐待の類型として身体的虐待をはじめ 5 つの類型を定めていること、DBS のチェック制度により、子どもと関わることに不適格な人物を排除する制度が設けられていること、CP の講習会を 3 年ごとに受講することが義務付けられていることなどである。

その半面、CP のガイドラインには、各スポーツ団体独自の内容も含まれている。例えば、イングランドサッカー協会（Football Association）の CP ガイドラインは、Respect Programme と密接に関連する制度となっていること、親に対するオンラインのワークショップが実施されていることなどの特徴を有している[49]。

本章で考察した RFU の CP ガイドラインの内容上の特徴としては、遠征

や送迎など、ラグビーが団体競技であることから、ラグビークラブの運営上予め定めておくことが求められる内容が含まれていることが挙げられる。この点は、同じく団体競技を取り仕切るFAのCPガイドラインには見られない特徴である。また、DBSのチェック制度に関して他団体のCPガイドラインと比較して、より詳細な規定を設けていることも特徴として挙げられる。これは、ラグビーが、他の競技と比較して、プレイヤー同士、指導者からプレイヤーへの指導において身体的な接触がより必要な競技であることも一因となっていると考えられる。さらに、ラグビーがプレイヤー同士の激しい身体的な接触を伴い、他の競技と比べて危険性が多いという印象に配慮して[50]、「コンタクトラグビー」の項目で、大人と子どもが一緒に接触する試合や練習を禁止していることも特徴となっている。

4 総括と今後の課題

　以上、本研究で考察したRFUのCP制度の意義として、制度そのものの意義と子どもの安全性に関する他の制度との関連性の二点を指摘したい。
　まず、制度そのものの意義としては、第一に、「3」のまとめで挙げたDBSによるチェック制度の徹底した活用が挙げられる。前述したように、RFUによるCP制度は、子どもの福祉と安全を確保するため、DBSによるチェックを受けた大人が常に子どもの監督をすることを前提とした制度設計となっているなど、CPを構成する子どもと関わることに不適切な大人から子どもを守る制度であるDBSの趣旨を重視し、その制度の趣旨が徹底された制度設計となっている。この制度はボランティアにも適用されるため、子どもと関わることに不適切な人物がRFUの構成団体や加盟するクラブで子どもと関わることが防止されることになる。また、第二に、コンタクトラグビーなどのラグビーのプレイに関わる項目からRFUに所属する子どもの輸送などラグビーの日常的な活動まで含んだ内容となっており、ラグビーに携わる子どもの活動全般の安全に配慮した制度設計となっている。このこと

は、RFU の指導者の安全に配慮する意識を高めることになる。第三に、選手・レフリーなど活動の当事者とコーチ・チームマネージャー・親などの活動を支える者との役割分担を前提とした制度設計となっていることも制度の意義として挙げられる。このことは、RFU の指導者、チームの運営者だけでなく、子ども、親にもそれぞれの役割を自覚する効果が期待される。また、第四に、DBS のチェックを受けた大人と子どもの割合を子どもの年齢によって規定していることなど、合理的な制度設計がされていることが挙げられる。CPSU も概況説明（briefing）の文書で子どもの人数に応じた監督する大人の数を推奨しており[51]、それを具体化したものとして注目される。

　さらに、子どもの安全性に関する他の制度との関連性については、次のような意義が指摘できる。RFU の CP 方針の中には、指導者からの虐待防止だけでなく、安全に関わる内容が多数含まれている。そして、RFU では、クラブ、学校、大学・短大及びあらゆるレベルの試合の参加者を支援するため、あらゆる RFU の選手の安全と安寧を大切に保護する、全てに先んじるプログラムとして「Rugby Safe」のプログラムを実施しており[52]、その一環として、コーチと試合に携わる試合当局者（match official）に対する様々な研修制度を実施している。その研修の中に、CP に関する「Play it Safe」の研修が位置づけられている[53]。また、RFU は、アスリートの福祉を活動の中心に位置づけており、CP もそれを支える制度としての位置づけがされている[54]。

　本研究で考察したように、RFU の CP 制度は、CP ガイドラインに子どもアスリートの安全と福祉を守るために非常に詳細な規定が定められている。また、CP の制度は、RFU が実施しているラグビーに携わる全ての選手の安全と福祉を確保するためのコーチや試合当局者への研修の一環としても行われている。これらの研修制度全般を活用していかにラグビー界全体で安全の確保を図っていくか、制度全般の絶えざる見直し・改善が必要である。また、CP に関連する制度間の連携の在り方も今後の課題として指摘できる。

　さらに、日本のラグビー界が 2019 年のワールドカップ以後の次代を担うプレーヤーの育成のため、現在既に（公財）日本ラグビー・フットボール協

会が実施している IRB の安全対策に基づく研修や外傷・傷害防止のマニュアル作成だけでなく、子どもと関わるコーチやレフリーに対する CP に関する研修制度の充実やラグビーに携わる子どもの日常的な活動までを対象とする CP の制度導入の検討などが求められる。このようなことを率先垂範することが、他の競技に比べて少子化の影響による競技人口の減少に直面している現状の改善に資することが考えられる[55]。また、最後に、日本の体育・スポーツ界全体に関わる課題としては、スポーツにおける指導者による虐待や暴力防止の問題を学校やスポーツ団体の自主的な取組に任せて良いのかという問題提起をしたい。学校教育法の体罰禁止規定や各スポーツ団体の倫理規定に委ねる現状を改め、学校やスポーツ団体の虐待・暴力防止のための根拠規定となる法制度の整備を検討すべきではないかと考える。

【注】
(1) (公財) スポーツ安全協会『スポーツ安全協会要覧 2016/2017』、7 頁。
(2) 日本経済新聞 2015 年 1 月 31 日付朝刊、http://www.nikkei.com/article/DGKKZO82637340R30C15A1CC1000/ 参照。
(3) Andy Gray, Anna-Marie Blakeley, Jane Mulcahy, Child Safeguarding, Adam Lewis QC and Jonathan Taylor (Eds.) *Sport: Law and Practice*, 2014, pp.704-711 等を参照。
(4) Ibid., p705, C4.15.
(5) Ibid., C4.17.
(6) Ibid., p706, C4.18.
(7) Department for Education and Skills, Every Child Matters: Change for Children, 2004.
(8) Andy Gray, Anna-Marie Blakeley, Jane Mulcahy, op.cit., p707, C4.25.
(9) Department for Education and Skills, op.cit., p9, Box1.
(10) Andy Gray, Anna-Marie Blakeley, Jane Mulcahy, op.cit., p708, C4.27.
(11) Ibid., p708, C4.28.
(12) Department for Education and Skills, op.cit., p7.
(13) Ibid.
(14) Andy Gray, Anna-Marie Blakeley, Jane Mulcahy, op.cit., p708, C4.29.
(15) RFU の H P 内 Governance:Safeguarding のページを参照。(http://www.englandrugby.com/governance/safeguarding/)
(16) RFU, Safeguarding Children Policy Guidance & Procedures, P4.
(17) Ibid., p7.
(18) 「規制された活動」(Regulated Activity) とは、2012 年自由保護法で定められた、30 日の期間内で 4 日以上または夜通しの教育、訓練、指導、子どものケアまたは監督を意味する。RFU Regulation 21-SAFEGUARDING, p1.

(19) Ibid., p2.
(20) Ibid., p3.
(21) Ibid.
(22) Ibid.
(23) Ibid., pp3-4.
(24) Ibid., p4.
(25) Ibid.
(26) Ibid., p5.
(27) RFU, op.cit., pp10-11.
(28) Ibid., p12.
(29) Ibid.
(30) Ibid.
(31) RFU HP, Safeguarding:Safeguarding course search(http://www.englandrugby.com/governance/safeguarding/safeguarding-course-search)
(32) RFU, op.cit., p12.
(33) Ibid.
(34) Ibid., p13. なお、大人の比率の2番目のカテゴリーは、英文では「1-8 for children under 8 years」となっていて、「under 8 years」は「8歳未満」と通常は訳されるが、そのように訳すと「8歳」がいずれのカテゴリーにも入らなくなってしまうため「8歳以下」と訳した。
(35) Ibid.
(36) Ibid.
(37) Ibid.
(38) Ibid.
(39) Ibid., pp13-14.
(40) Ibid., p14.
(41) Ibid.
(42) Ibid.
(43) Ibid., p15.
(44) Ibid.
(45) Ibid.
(46) RFU, Safeguarding Toolkit, p10.
(47) RFU, op.cit., p15.
(48) Ibid., pp16-18.
(49) 拙稿、季刊教育法177号、2013年、47頁参照。
(50) RFU, Rugby Safe, p7〜8でも、ラグビーが危険なスポーツではないことが強調されている。
(51) CPSU, Supervising Children and Young People's Sport and Activities, 2016, p.2.
(52) RFU, Rugby Safe, p5.
(53) Ibid., p12.
(54) Ibid., p23.
(55) 少子化に伴う競技人口の減少については、三神憲一「日本における高校ラグビーの現状と課題－四国ブロック」彦根論叢365号、2007年、4〜8頁等を参照。

【原著論文】

ロシアの組織的ドーピング不正と
リオ後のアンチ・ドーピング体制の考察

杉 山 翔 一
(Field-R 法律事務所)

金 刺 廣 長
(太田・渡辺法律事務所)

井 神 貴 仁
(酒井法律事務所)

石 堂 典 秀
(中京大学大学院法務研究科)

1 はじめに

　2016 年 8 月から 9 月にかけてリオデジャネイロオリンピック・パラリンピック競技大会（以下リオオリンピック・パラリンピック）が開催されたが、これらの大会の開催にあたり、世界のスポーツ関係者の間で最も注目を集めたことは、組織的なドーピング不正が発覚したロシアの競技者について、リオオリンピック・パラリンピックへの参加資格が認められるか、という点であった。
　ロシアの陸上競技における組織的なドーピング不正のスキャンダル、及びソチオリンピックにおけるロシアの組織的なドーピング不正というスキャンダルが順次発覚したことをきっかけに、国際オリンピック委員会（International Olympic Committee: IOC）、各国際競技団体（International Federations: IF）及び国際パラリンピック委員会（International Paralympic Committee: IPC）は、リオオリンピック・パラリンピックの前に、それぞれ、ロシアの競技者の

出場資格（Eligibility）に関する決定を行った。その結果、ロシアの競技者は、いずれの競技団体の管轄下にあるかによって、リオオリンピック・パラリンピックへの参加の可否が分かれることになった。

　また、これらの IOC、各 IF、IPC の決定により、参加資格が認められなかったロシアの競技者は、スポーツ仲裁裁判所（Court of Arbitration for Sport: CAS）に救済を求めた。CAS が、これらの決定の当否を判断した結果、一部の競技者については、競技会の直前に、参加資格が認められるなど、CAS は、リオオリンピック・パラリンピックにかかる仲裁事案を通じ、スポーツ界において、その果たしている役割の大きさを改めて示したといえる。

　リオオリンピック・パラリンピックの閉会後、世界アンチ・ドーピング機構（World Anti-Doping Agency: WADA）や各国のアンチ・ドーピング機関（National Anti-Doping Organizations: NADO）は、リオ後のアンチ・ドーピング体制についての提言や声明をそれぞれ行っている。しかし、そもそも、ロシアの組織的なドーピング不正が発生したことは、現状の WADA 体制の限界ともいえ、ロシアの組織的なドーピング不正を契機に、WADA 体制の見直しも含めた、今後のアンチ・ドーピング体制のあり方を検討することが必要である。

　そこで、本稿では、ロシアの組織的なドーピング不正の発覚経緯・概要とそれをめぐる処分、当該処分に関連する CAS 仲裁判断、リオ後のアンチ・ドーピング体制に関する動きを時系列的にみた上で、各競技団体の決定や CAS の果たした役割、リオ後のアンチ・ドーピング体制の方向性について考察を加えることとしたい。

2　ロシアの陸上競技における組織的なドーピング不正とそれをめぐる処分について

(1) 2014 年 12 月 3 日付け RUSADA 職員等の告発

　ロシアにおける組織的なドーピング不正の発覚は、2014 年 12 月 3 日、ロシアアンチ・ドーピング機関（Russian Anti-Doping Agency: RUSADA）の元職員ビタリー・ステパノフとその妻で陸上 800 メートルの競技者であるユリア・ステパノワ（以下、両名を「ステパノワ夫妻」という）が告発したことに始まる。

ステパノワ夫妻は、2014年12月3日、ドイツ人のジャーナリストであるハイオ・ゼッペルトが制作したドイツのドキュメンタリー番組に出演した。当該番組において、ステパノワ夫妻は、ロシアの陸上関係者が、競技者に対し、当該競技者の収入の5%と引き換えに禁止物質を提供したり、ドーピング検査の結果を隠蔽したり、ロシアの陸上競技者が、外国でトレーニングをしている際に誤った名前を用いて競技会外検査を回避したりするなど、ロシアにおいて蔓延していた組織的ドーピング不正を明らかにした(1)。

　WADAは、同日、この告発を受けて、ロシアに対し、世界アンチ・ドーピング規程（World Anti-Doping Code: WADC）に基づき、必要かつ適切な措置をとることを表明した(2)。

(2) 2015年11月9日付けWADA独立委員会第一次報告書

　WADAは、2014年12月10日、上記テレビ番組を受け、ステパノワ夫妻の告発の真実性を検証するための調査を行うことを発表した(3)。

　そして、WADAは、2014月12日11日、Richard W. Pound、Richard McLarenを委員（後にMr. Günter Youngerが加わり委員は3名となる）とする独立委員会を設置した。同委員会の設置目的は、ロシア陸上競技連盟（All-Russian Athletic Federation: ARAF）、モスクワの認定分析機関及びRUSADAの検体採取・結果管理その他のアンチ・ドーピングのプロセスに関する不正を独立に調査することとされた(4)。

　さらに、2015年8月、ドイツにおいて、前年12月の番組に引き続き、「Doping – Top Secret: The Shadowy World of Athletics」というドキュメンタリー番組で、国際陸上競技連盟（International Association of Athletics Federations: IAAF）において、2001年から2012年の間においてドーピング不正が行われていたこと（具体的には、陸上世界選手権やオリンピックの中長距離種目で、146のメダル（そのうち金メダルが55）の獲得者にアンチ・ドーピング規則違反の疑いがあるとの検査結果を入手したこと）が報道された。その後、WADAは、この番組を受け、独立委員会の調査範囲を、IAAFにおける不正にまで広げることを発表した(5)。

　そして、WADA独立委員会は、2015年11月9日、当初の調査目的に対す

る第一次調査報告書を公表した[6]。

　同報告書によれば、ロシアにおいて、ドーピング不正を行う土壌が広く長期間にわたって存在していること、多くの競技者が競技力を向上させる物質を服用しつつ、正確な居場所情報を提供していなかったこと、不正プログラムに参加しない競技者が代表チームから排除されていたこと、ロシアのコーチや医師、モスクワの分析機関の職員が不正に関与していたこと、IAAFにおいて、汚職や贈収賄が行われてきたことなどが指摘された。また、同報告書においては、IAAF及びロシアにおいて、実効的なアンチ・ドーピングプログラムを妨げる組織的な不正が行われていたこと、ARAFやRUSADAがWADCに従っていなかったことなどにも言及がなされていた。

　その上で、同報告書は、WADAに対して、ARAFやRUSADAがWADCに従っていないことを宣言すること、モスクワ認証分析機関の認証を取り消すことを提言し、IAAFに対しては、ARAFを資格停止処分とすることを提言した。

(3) 2016年1月14日付けWADA独立委員会第二次報告書

　さらに、2016年1月14日、WADAは、2015年8月のドイツのドキュメンタリー番組の報道をきっかけに拡大された調査事項について、独立委員会の第二次報告書を公開した[7]。

　同報告書は、第一次報告書において指摘されていたIAAFの汚職や贈収賄について、更に詳細に言及し、IAAF前会長ラミン・ディアクとその息子や側近らが、2012年ロンドンオリンピック陸上女子1500メートルで優勝したアスリ・カキルアルプテキン（トルコ）のアンチ・ドーピング規則違反をもみ消す見返りに金銭を受領していたことや、ロシア選手のアンチ・ドーピング規則違反の疑いのある選手のリストをロシア側に見せ、これらの選手の検査の手続きを遅らせるなどして隠ぺいを図っていたことを指摘した。

(4) IAAFの対応とCAS仲裁

　IAAFは、2015年11月のWADA独立委員会の第一次報告書を受け、同月、ARAFに対し、暫定的な資格停止処分を課した[8]。ARAFが、同月26日に、同資格停止処分を受け入れたため[9]、その結果として、ARAF所属のロシア

の陸上競技者は、オリンピックを含む国際的な競技大会に出場することを禁じられることになった。

　2016年に入り、リオオリンピックの開催が近づくと、ARAFに課されていた資格停止処分が解除されるか否かが問題となった。しかし、2016年6月17日に開催されたIAAFの理事会は、上記のWADAの報告書や、IAAF自身が行っていた調査結果[10]など一連の手続きを受け、ARAFの資格停止処分を解除しないことを決定した（以下「IAAF決定」という）[11]。他方で、IAAFは、同日付で、資格停止処分中の競技連盟傘下の競技者であっても、IAAF理事会が例外的に「中立な競技者」（neutral athlete）として認めた者については、オリンピックを含む国際大会への参加資格を認める競技規則第22.1項の改正を公表した（「中立な競技者」ルール[12]。後日、申請を行った80名以上のロシアのオリンピック競技者のうち、ユリア・ステパノワ[13]とダリア・クリシナ[14]の2名のみが、IAAFより「中立な競技者」として認められた）。

　IAAF決定を受け、2016年7月3日、ロシアオリンピック委員会と68名の競技者は、IAAF決定の無効、現在資格停止期間中でない競技者のリオオリンピックへの参加資格の確認並びに「中立な競技者」を不適用としたIAAF決定の取消しを求めて、CASに対し、仲裁を申し立てた（CAS 2016/O/4684）。

　CASは、2016年7月16日、IAAF決定の有効性を確認し、ロシアオリンピック委員会（Russian Olympic Committee: ROC）には、IAAFの「中立の競技者」ルールが定める要件を満たす場合に限って、リオオリンピックに競技者を登録する権限が認められる、と判断した（なお、同仲裁申立てには、最終的な登録決定権限を持つIOCが仲裁当事者に含まれていなかったため、競技者のリオオリンピックへの参加資格については判断されなかった）。

3　ソチオリンピックにおける組織的ドーピング不正とそれをめぐる処分について

(1) 2016年7月15日付けソチ独立調査委員会の報告書

　2016年5月5日及び同月12日、上述のステパノワ夫妻とソチオリン

ピックにおいてロシア認定分析機関の Director を務めていた Dr. Grigory Rodchenkovno が、アメリカの New York Times 紙において、2014 年ソチオリンピックにおいて、ロシアが組織的なドーピング不正を行っていたことを告発した(15)。

WADA は、これを受け、2016 年 5 月 19 日、上述の WADA 独立委員会において調査委員を務めていた Richard McLaren を委員とするソチ独立調査委員会を設置することを公表した(16)。

そして、WADA のソチ独立調査委員会は、2016 年 7 月 15 日、ロシアがソチオリンピック・パラリンピックにおいて組織的にドーピングを隠蔽していたことを内容とする報告書(以下、「マクラーレンレポート」という)を公表した(17)。マクラーレンレポートの公表により、ロシアにおいて、陸上競技のみならず、30 種のスポーツで、本来は開封できない尿サンプルの容器を開け検体をすり替えるなど、580 件のドーピング検査の結果が隠蔽されていたことが明るみになった。

(2) IOC 決定とそれに対する批判

リオオリンピックを直前に控え公開されたマクラーレンレポートを受け、IOC が、ROC に対し、リオオリンピックの資格停止処分を課すのかどうかが、世界中の注目を集めることとなった。

IOC は、2016 年 7 月 24 日、理事会を開催し、ROC に対し資格停止処分を課すことはせず、ロシアの競技者の参加資格に関し、以下の要件を課す決定を行った(以下「IOC 決定」という)(18)。

> 1　IOC は、以下の要件を満たさない限り、ロシアの競技者のリオオリンピックへの登録は認めない。
> 2　IOC は、競技者が、所属する IF に対し、以下の基準を満たす十分な証拠を提出できた場合に限り、競技者の登録を認める。
> ・IF は、ロシアの競技者のリストを作成する際、WADC と 2016 年 6 月 21 日付けオリンピックサミットの合意に従うこと
> ・ロシアの競技者に関し、陽性の分析検査結果がないことで、十分な証

拠があったと判断してはならないこと
・IF は、信頼できる国際的な検査結果に基づき、各競技者の検査結果についての個別調査を実施すること
・IF は、WADA の独立委員会のレポートの情報を精査し、不正が示唆される競技者についてオリンピックへの登録を認めないこと
3 ROC は、過去にアンチ・ドーピング規則違反で処分された選手については、資格停止期間を経過していても、リオオリンピックに登録することはできない。
4 IOC は、競技者の所属する IF が上記第 2 項及び第 3 項を満たす証拠を十分に提出し、スポーツ仲裁国際理事会（International Council of Arbitration for Sport: ICAS）のメンバーによって選任された CAS 仲裁人リストから選ばれた専門家が認めた場合に限り、ROC による登録を認める。

他方で、ROC 所属の競技者のリオオリンピックへの参加について、WADA は、マクラーレンレポートを受け、2016 年 7 月 18 日付けで WADA 理事会を開き、IOC に対し、ROC を資格停止とするよう勧告していた。そのため、WADA は、ROC を資格停止としなかった IOC 決定に対し、失望した旨を内容とする声明を発表した[19]。

また、NADO も、IOC がクリーンな競技者の要望を無視したものとして、IOC に批判的な声明を公表した[20]。

(3) IOC 決定をめぐる CAS 仲裁

CAS は、過去のオリンピックと同様に、リオオリンピックの開会式の 10 日前から、リオに臨時仲裁部を設置していた。

ところが、上記のとおり、リオオリンピックに際しては、開会式の 12 日前である 2016 年 7 月 24 日に、ロシアの競技者の参加資格に関する IOC 決定が行われたため、別表のとおり、合計で 16 件のロシア関連ケース（うち 7 例は、事後的に取り下げがなされている）が CAS 臨時仲裁部に係属することになった。

表　リオオリンピック CAS 臨時仲裁部ロシア関連事件（16 件）

番号	申立人	被申立人	スポーツ	紛争類型	結論
OG 16/01	Ilnur Zakarin	IOC、ROC & UCI	自転車	Eligibility	取下げ
OG 16/02&03	Vladimir Morozov & Nikita Lobintsev	IOC & FINA	水泳	Eligibility	取下げ
OG 16/04	Yulia Efimova	ROC、IOC & FINA	水泳	Eligibility	一部認容
OG 16/06	Viltor Lebedec	ROC、IOC & UWW	レスリング	Eligibility	取下げ
OG 16/09	RWF	IWF	ウェイトリフティング	Disciplinary	請求棄却
OG 16/10	Andrey Karytor	IOC & ICF	カヌー	Eligibility	取下げ
OG 16/11	Daniil Andrienko et al.	FISA & IOC	ボート	Eligibility	請求棄却
OG 16/12	Ivan Balandin	FISA & IOC	ボート	Eligibility	請求棄却
OG 16/13	Anastasia Karabelshikova & Ivan Podshivalov	FISA & IOC	ボート	Eligibility	一部認容
OG 16/16	Daria Ustinova	FINA、ROC & IOC	水泳	Eligibility	取下げ
OG 16/17	Tima Turieva and 3 other weightlifters	IWF & IOC	ウェイトリフティング	Eligibility	取下げ
OG 16/18	Kiril Sveshnikov et al	UCI & IOC	自転車	Eligibility	取下げ及び請求棄却
OG 16/19	Natalia Podolskaya & Alexander Dyachenko	ICF	カヌー	Eligibility	請求棄却
OG 16/21	Elena Anyushina & Alexey Korovashkov	ICF & RCF	カヌー	Eligibility	取下げ及び請求棄却
OG 16/24	Darya Klishina	IAAF	陸上競技	Eligibility	請求認容

※なお、取下げの事案については、仲裁判断に至っておらず、事案が公開されていないため、事案の詳細までは確認できていない。

以下では、CAS 臨時仲裁部に係属したロシア関連ケースのうち、仲裁判断の出た 9 ケースを、類型に分けて紹介することとしたい。

① **類型①**

類型①は、国際競技連盟又は IOC が、IOC 決定第 2 項及び第 4 項を受け、その所属するロシアの競技者のリオオリンピックへの参加資格を否定した決定に対し、仲裁が申し立てられたケースである（CAS OG 16/11、OG 16/12、OG 16/18、OG 16/19 及び OG 16/21）。

これらの事案においては、いずれも IOC 決定第 2 項に基づく競技団体の決定及び同第 4 項に基づく IOC の決定の有効性が認められ、いずれも競技者の請求が棄却（または却下）されている。

② **類型②**

類型②は、「ROC は、過去にアンチ・ドーピング規則違反で処分された選手については、資格停止期間を経過していても、リオオリンピックに登録することはできない」ことを内容とする IOC 決定第 3 項をめぐるケースである。同項により、過去にアンチ・ドーピング規則違反歴のある競技者は、ロシアの組織的ドーピング不正に関与していないことについて、反証の機会を与えられることなく、リオオリンピックへの出場資格が否定されることになった。そのため、これを不服とする過去にアンチ・ドーピング規則違反歴のある競技者が、CAS に仲裁を申し立てることとなった。

以下、類型②については、二つの事案を具体的に紹介する。

1) Anastasia Karabelshikova and. Ivan Podshivalov and FISA and IOC（CAS OG 16/13）

国際ボート連盟（Fédération Internationale des Sociétés d'Aviron: FISA）は、IOC 決定を受け、2016 年 7 月 27 日、過去にアンチ・ドーピング規則違反歴のあった Anastasia Karabelshikova と Ivan Podshivalov について、登録競技者から外す旨を内容とする通知を行った。この通知を受け、Anastasia Karabelshikova 及び Ivan Podshivalov は、FISA が自らの参加資格を認めることなどを求めて CAS に仲裁申立てを行った[21]。

同仲裁事案について、申立人側からは、当該決定が「二重の処分」に当たる旨が主張されたものの、CAS の仲裁パネルは、IOC 決定第 3 項が

「natural justice」[22] に反するものとして、執行不能であると判断しつつ、IOC 決定第 2 項に基づき、これらの競技者の参加を認めるかは、FISA の判断であると判断した。

　　もっとも、FISA 自体が、ロシアの競技者の選手の参加を認めなかったため、これらの選手は、リオオリンピックへ参加することはできなかった。
2) Yulia Efimova v. ROC、IOC & FINA（CAS OG 16/04）
　　国際水泳連盟（Fédération Internationale de Natation: FINA）は、IOC 決定を受け、その所属する競技者であり、過去にアンチ・ドーピング規則違反歴のあるユリア・エフィモア選手を登録のリストから除外する決定を行った。そこで、ユリア・エフィモア選手は、ROC、IOC 及び FINA の三者を被申立人として、CAS に対し仲裁を申し立てた。

　　本件の CAS の仲裁パネルは、上記と同様に、IOC 決定第 3 項が「natural justice」に反することを理由として、同項が執行不能であると判断した。

　　最終的に、FINA がユリア・エフィモア選手の出場資格を認めたため、ユリア・エフィモア選手は、リオオリンピックに出場できることとなった。

③ **類型③**

　類型③は、IF が行った、ロシア国内競技連盟（National Federations: NF）の資格停止処分をめぐるケースである。

　国際ウェイトリフティング連盟（International Weightlifting Federation: IWF）は、2016 年 7 月 24 日付け IOC 決定を受け、2016 年 7 月 29 日、臨時理事会を開催し、IWF の Anti-Doping Policy（以下、「ADP」という）12.4 項[23] に基づき、ロシアウェイトリフティング連盟（Russian Weightlifting Federation: RWF）が競技者及び審判員をリオオリンピックに推薦、登録または参加することを禁止する処分（以下「IWF 決定」という）を行った。

　RWF は、これを不服として、CAS に対し仲裁申立てを行ったところ、CAS の仲裁パネルは、①法的根拠の有無、②禁反言の原則、③ADP 第 12.4 項の解釈・適用、④考慮されるべき情報、⑤信用失墜の要件該当性、⑥平等原則違反などの観点から検討しつつも、マクラーレンレポートの結果を重視し、結論として、申立人の請求を棄却した（CAS OG 16/09）。

④ **類型④**

類型④は、IAAFが新たに制定した「中立の競技者」ルールの適用をめぐるケースである。

ダリア・クリシナ選手（以下、「クリシナ選手」という）は、上記のとおり、「中立の競技者」ルールの適用により、ロシアの陸上選手として唯一、リオオリンピックへの出場資格を認められていた。ところが、マクラーレンレポートを作成したRichard McLarenが、同レポートの公表後、クリシナ選手について、同選手も組織的隠ぺいに直接関与していたことを示唆する発言を行ったため、IAAFは、2016年8月8日、同選手の出場を禁止する決定を行った。これに対し、クリシナ選手は、2016年8月13日、リオオリンピックの参加資格の確認を求めて、CASの臨時仲裁部に仲裁申立てを行った。

CASは、上記のRichard McLarenの発言という新たな証拠をもっても、クリシナ選手の「中立の競技者」の要件該当性は否定されないとして、IAAF決定の破棄と、クリシナ選手の出場を認める決定を行った（CAS OG 16/24）。

(4) IPC決定とそれをめぐるCAS仲裁

マクラーレンレポートを受け、IPCがリオオリンピック後に控えるリオパラリンピックに関し、ロシアパラリンピック委員会（Russian Paralympic Committee: RPC）の参加を認めるかについても、世界的に大きな注目を集めていた。

IPCは、2016年8月4日、IOCとは異なり、IPCの懲戒規程に基づき、RPCに対し、リオパラリンピックへの資格を停止する処分を課す決定（以下「IPC決定」という）を行った[24]。IPCの懲戒規程によれば、資格停止処分中の国内パラリンピック委員会（NPC）は、競技者を登録する権利を失うため、IPC決定の反射的な結果として、RPCに所属するロシアの競技者は、リオパラリンピックの出場資格が失われることとなった[25]。

この決定を受け、WADAは、2016年8月7日、クリーンな競技者の利益の観点から、IPC決定を支持する声明を発表した[26]。また、NADOも、IPC決定を支持する声明を発表した[27]。このように、IPC決定は、アンチ・ドーピング機関側からの圧倒的な支持を受けることになった。

他方で、RPCは、2016年8月15日、CASにおいて、IPC決定の取消しを

求めて仲裁を申し立てた（RPC vs. IPC（CAS 2016/A/4745））。同仲裁手続きにおいては、①RPC に義務違反があったか、②IPC が懲戒規程に従った手続きを行っているか、③IPC 決定は「proportionate」（均衡性がある）か、が争点となった。CAS は、2016 年 8 月 22 日、RPC の義務違反を認め、IPC が懲戒規程に従った手続を行っており、IPC 決定自体も均衡性があることから、IPC 決定の破棄を求める RPC の請求を棄却した。

　この結果、RPC に所属する全競技者のリオパラリンピック出場への途が閉ざされることになり、RPC に所属するロシア競技者は、リオパラリンピックに一人も参加することができなかった。

　なお、RPC は、スイスの連邦最高裁判所において、CAS の仲裁判断の取消しを求めたが、当該請求は棄却されている[28]。また、RPC 傘下の競技者は、個人の資格で、ドイツの裁判所に対し仮処分申立ても行ったようだが、同申立ても却下となっている[29]。

4　リオ後のアンチ・ドーピング体制に関する動き

(1) ソチ独立調査委員会第二次報告書の発表とその後の動き

　2016 年 12 月 9 日、Richard McLaren を委員とするソチ独立調査委員会は、ソチオリンピックにおけるロシアのドーピング不正に関する第二次報告書を公表した[30]。この第二次報告書は、第一次報告書から調査範囲が拡大されており、ソチ独立調査委員会が依拠した証拠を公開するものであった。

　この第二次報告書においては、1000 人以上のロシアの（夏季・冬季オリンピック、パラリンピックの）競技者が、陽性結果を隠蔽する工作に関与し、利益を得ていたこと、前回の夏季オリンピック大会であるロンドンオリンピックにおいてメダルを獲得した 15 名のロシア競技者の資格が剥奪されようとしており、既に 10 名の競技者のメダルが剥奪されたこと、ソチパラリンピックにおいて、6 名のメダリストが尿検体の改ざんを行っていたことなどが報告されている。

　また、このソチ独立調査委員会第二次報告書を受け、IOC[31] や IPC[32]、iNADO[33] が、それぞれ、アンチ・ドーピングに対し強い態度をとっていくことを示すコメントを公表している。

また、ソチ独立調査委員会の一連の報告書を受け、IOC は、2008 年北京と 2012 年ロンドン大会の検体を再度分析し、リオオリンピックに出場した競技者 41 名を含む 88 名の競技者を新たに資格停止処分とした[34]。
　さらに、IOC は、ソチオリンピックの検体の再分析を行うことを発表しており[35]、ロシアの競技者については、今後も検体の再検査が行われ、違反者が訴追される事態が予想される。
　国際競技団体の中には、一連のドーピング不正を受け、ロシア国内の都市における国際大会の開催を中止する団体も出てきており[36]、ロシアのドーピングスキャンダルは、国際競技大会の運営にまで影響を拡大させている。

(2) 復帰・登録を認めるルールの策定
　上記のとおり、RPC を全面的な資格停止処分とした IPC は、RPC の復帰基準を策定し[37]、RPC がこの基準を満たしているかどうかを判断するタスクフォースチームを設置している[38]。この復帰基準には、RPC の復帰が認められるための要件として、RPC が、① WADC、IPC-アンチ・ドーピング規則に従うこと、② RUSADA が WADA の基準を遵守していると認定されることなどが含まれている。
　一方、IAAF は、資格停止処分の下にある ARAF の競技者の資格回復に関連する、IAAF の「中立競技者」ルール（22.1.A）の解釈を規定したガイドラインを策定した[39]。
　本稿執筆現在、未だ、IAAF、RPC 共に、資格停止処分は、継続したままである。

(3) アンチ・ドーピング体制の方向性
　リオオリンピック後、今後のアンチ・ドーピング体制について、以下のような方向性が示されている。
① WADA のドーピング捜査権限・監視権限・財源の強化、制裁の厳格化
　　IOC[40] や WADA[41]、NADO[42] は、WADA のドーピング捜査権限を充実させること、WADA が、各国アンチ・ドーピング機関が WADC を遵守しているかを監視すること、WADA の財源を強化すること等の重要性を強

調している。
　　また、国際競技団体の中には、アンチ・ドーピング規則違反に対する制裁を、永久資格停止とする変更を行った団体も出てきている[43]。
② アンチ・ドーピング規則違反の刑事罰化
　　IOC においては、競技者やコーチ等がアンチ・ドーピング規則違反を行った場合、刑事責任を負うようにすることの提言が行われている[44]。
③ 内部告発者を保護する仕組みの構築
　　WADA や NADO において、内部通報者のユリア・ステパノワがサイバー攻撃を受けたことなどを受け[45]、内部通報者を保護するための仕組みの導入の必要性が強く提言されている[46]。
④ アンチ・ドーピングの独立性を高める仕組みの構築
　　ロシアの組織的ドーピング不正を受け、IOC や WADA、NADO において、ドーピング検査及び捜査、結果管理手続きが競技団体から独立した体制で実施されることの重要性が強調されている。
　　また、各国オリンピック委員会の連合（Association of National Olympic Committee: ANOC）は、WADA の代表者がスポーツ界からも、政府からも独立であるべきことを求める声明を公表している[47]。

(4) ISCCS の策定

　上記の流れを受け、WADA は、2017 年 6 月、これまでに存在していた 5 つの国際基準に加わる 6 つ目の国際基準となる「INTERNATIONAL STANDARD FOR CODE COMPLIANCE BY SIGNATORIES」（仮訳：署名当事者の規程遵守に関する国際基準。以下「ISCCS」という）を策定することを決定、発表した[48]。
　ISCCS の目的は、クリーンな競技者が同じ条件で公平に競技できているという確信を持てるよう、国や競技を横断して、規程遵守を浸透させることであるとされている（ISCCS1 条）。
　ISCCS に基づき、WADA は、署名当事者が WADC 及び国際基準を遵守しているかを監視するために、WADA コンプライアンス・タスクフォースを設置し（ISCCS5 条）、署名当事者が WADC および国際基準に準拠した制度を実

施しているかを評価することが規定されている（ISCCS8条）。仮に、WADCや国際基準の不遵守が発見されれば、WADAは、当該署名当事者に対し、勧告を発し（ISCCS9条）、当該勧告にもかかわらず、不遵守が是正されない場合は、違反の程度に応じて、制裁として、当該署名当事者に対する資格停止処分（及びそこに所属する競技者等の競技大会への参加禁止）等が課されうることになった（ISCCS10条）。

5　結びに代えて

(1) IOC決定とIPC決定の評価

　IOCは、上記のとおり、ロシアの競技者のリオオリンピックへの参加を全面的に禁止しない決定を行った。このIOC決定に対しては、競技団体にロシアの競技者のオリンピック出場の可否を委ねた点について、WADAやNADOが批判をしている。IOC決定及び引き続くIFの決定に関連し、CASの臨時仲裁部に16件の事案が係属するなど、混乱が生じたことは否定できない。結局、2016年当時のWADCにおいては、WADAにおいて、ROCやRPCに対し、処分を課すことが難しかったこと、リオオリンピック・パラリンピックにおけるロシアの競技者の扱いに、IOC傘下の競技者とIPC傘下の競技者とで差異が生じたことから、ISCCSにおいて、NOC、NADOといった署名当事者が、WADCに違反した場合は、WADA自身が、勧告等の段階的な措置を経て、当該署名当事者を資格停止とすると共に、当該署名当事者に加盟する競技者等の競技大会への参加を禁止できることを定めたものと推測される（ISCCS10条）。すなわち、IOC決定に起因する一連の混乱は、WADAに対し、WADA自身が署名当事者に対し、資格停止処分を課すことでその傘下の競技者の競技大会への参加を一律に不可とする権限を付与することを後押しする結果となった。

　もっとも、IOC決定には評価されるべき点も存在している。すなわち、ROC所属の競技者を一律に資格停止とした場合は、ドーピング不正に関与していないロシアの競技者もリオオリンピックへの出場権を失うことになっていた。IOCが、大会直前の限られた時間の中で、一定の要件を満たした者に限りリオオリ

ンピックへの出場を可能とする決断をしたことは、競技者のオリンピックに参加する"権利"に配慮したという意味では、評価することができると思われる。

　他方、IPCは、IOC決定と異なり、ロシアの競技者のパラリンピックへの参加を全面的に禁止する決定を行った。その結果、RPC傘下の競技者のパラリンピックへの参加の道は、一律に閉ざされることになった[49]。IPC決定の「法的有効性」は、CAS仲裁判断において確認されており、かつ、IPC決定は、アンチ・ドーピング規則違反に対し不寛容な態度を示したことからも、NADOやWADAなどから高く評価された。

　しかし、IOC決定とは正反対に、RPCに組織的ドーピング不正に関与していない、クリーンな競技者がいたとすれば、当該競技者が、反証の機会を与えられることなく、参加を認められなかったことになる。この観点からIPC決定の「妥当性」については一考の余地があると思われる。ソチ独立調査委員会第一次報告書の公開からIPCが決定を行うまでに、IOCに比較して時間があり、独自の調査を行う時間的猶予があったことから、独自の調査結果を踏まえた上での苦渋の判断であったことが窺われるが、RPC自体を資格停止としつつも、IAAFと同様な「中立な競技者」のルールを定めて、当該ルールの要件を満たしたクリーンな競技者については例外的な登録を認める方法もあったように思われる（現に、IPCは、2018年2月に開催される平昌パラリンピックにおいて、資格停止下にあるRPCの競技者を中立の競技者として、出場させることを認める決定を行っている）[50]。

　IOCとIPCの決定についてはIPCの決定が適切であったとみるむきもあるが、ここで述べたように、クリーンな競技者の参加という観点からはIOC決定とIPC決定についてはいずれにも一長一短があり、単純に優劣をつけることはできないと思われる。

(2) CASの国際スポーツ界における位置づけの向上

　CASの臨時仲裁部門は、リオオリンピック前の各夏季オリンピック大会において、平均約10件程度しか、事案を扱ってこなかった[51]。ところが、リオオリンピック大会においては、ロシア関連事件だけでも16件と過去の夏季オリンピック大会の平均件数を大きく上回っており、合計で28件の事案を扱った。

この取扱件数もさることながら、先に紹介したとおり、CAS は、原則としては IOC、IPC、各国際競技団体の団体自治に基づく決定を尊重しつつも、natural justice の観点から問題のある場合など例外的な事情がある場合には [52]、ロシアの競技者の参加資格に関わる IOC、各国際競技団体が行った決定を覆す判断を行っている。この意味では、CAS は、国際的なスポーツ界において、「司法」としての役割を果たす機関であることを改めて知らしめたといえよう [53]。

　また、CAS 2016/A/4745 において、IPC を資格停止とした結果として、IPC 傘下の競技者の出場資格が失われたとしても、IPC の処分が有効であるとされたことは、CAS が事実上の「連帯責任」的処分の有効性を認めたことに等しい。WADA が策定中の ISCCS が、署名当事者を資格停止としつつ、その傘下の競技者の競技大会への参加を認めない規定を有しているのも、同仲裁判断により事実上の「連帯責任」的処分の有効性が認められたことの影響があるのではないかと推測される。

　さらに、アンチ・ドーピング活動に関していえば、リオオリンピックは、CAS が、IOC の規律委員会に代わり、IOC アンチ・ドーピング規則違反事案の判断を行った初めての大会であった [54]。CAS が、IOC アンチ・ドーピング規則違反事案を扱うようになったのは、クリーンな競技者を守るために、IOC ではなく、第三者である CAS が規則違反の判断を行うことが望ましいとされたからである [55]。そのような流れがあった中で、リオオリンピック・パラリンピックにおいてロシアの組織的ドーピング不正問題が起きたため、アンチ・ドーピング活動を競技団体から独立させることの重要性が強調されるようになっている。こうしたリオオリンピック・パラリンピック後の検討状況を受け、アンチ・ドーピング規則違反の判断を、競技団体から独立した形で実施することの重要性がより強まっているといえる。したがって、ロシアの組織的ドーピング不正の結果、CAS は、ますます IOC アンチ・ドーピング規則その他のアンチ・ドーピング規則違反の有無を判断する独立の第三者機関としての位置づけを強めていくものと思われる。

(3) ポスト・リオのアンチ・ドーピング体制の方向性の評価について

　リオオリンピックにおける IOC アンチ・ドーピング規則違反の判断が、史上

初めて CAS（のアンチ・ドーピング仲裁部）に委ねられた事実が示しているとおり、今後、アンチ・ドーピング活動は、競技団体から独立した形で実施されていくものと思われる。その意味で、スポーツ界や政治界から独立した者をWADAの代表に就任させること、アンチ・ドーピング機関をスポーツ界から独立したものとすること、アンチ・ドーピング聴聞パネルを捜査機関やスポーツ界から独立したものにすること、といったWADAやIOCなどが提唱している新しい流れについては歓迎すべきといえよう。また、内部告発者に対するサイバー攻撃などによる現実的な危険が及んでいる以上、内部告発者を保護する制度が求められていることについてもまた妥当といえる。他方、アンチ・ドーピング規則違反の刑事罰化については、その実現には各国の国内法制との関係によるところが大きく、我が国において刑事罰化が検討されたものの、アンチ・ドーピングにかかる刑事立法を行うことが見送られた事実が示すとおり[56]、全世界で統一的に刑事罰化を導入することは現実的に難しいと思われる。

　そうすると、アンチ・ドーピングについては、（立法によらない）国際競技団体の団体内ルール（ソフト・ロー）による規制に頼らざるを得ず、この意味で、上記で見たようなWADAのドーピング捜査権限・監視権限・財源等を強める動きや制裁を厳格化する動きは、理にかなった動きのように思われる。そして、WADAが具体的な方策として打ち出したのが先述した規程遵守のためのISCCSの策定である。ISCCSは、リオ後に叫ばれていたような、WADAによる署名当事者の監視権限の強化の声に応えたものである。すなわち、ロシアの競技者をめぐる一連の不正は、結果として、WADAの署名当事者に対する監視権限、処分権限を強めることを後押しする結果になったといえる。

　他方で、今回のロシアのスキャンダルについてWADA自身にも責任の一端があるとみるむきもある[57]。たとえば、今回の事件の端緒は、ドイツのドキュメンタリー番組によるもので、この問題をWADAが発見することができなかったこと自体が問題であり、WADAのモニタリングや監督機能の問題性を示唆している。また、WADA独立委員会報告が指摘するように、ロシアのドーピング文化の存在が問題なのであるが、これを変えるための具体策は示されていない。むしろ、今回のWADAの対応は違反者に対する出場資格停止などの制裁を課すことであった。そこには、WADA自身のモニタリングと監視を

高める方策をとる方向性は出てこなかった。今回の事件は、WADA 自らが認証した機関が不祥事に関与していたわけであり、WADA の権限強化を図る一方で、WADA 自身のアカウンタビリティを高めるマネジメント構造も必要といえる。

　近年、グローバルな空間におけるアカウンタビリティの欠如に対する対応として、グローバル行政法の適用可能性が論じられている。Foster は、このようなグローバルな競技団体に対するグローバル行政法の適用可能性を指摘する[58]。このグローバル行政法を提唱するキングズベリーらによれば、グローバル行政法とは、グローバルな行政主体が透明性、参加、理由づけられた決定、法による行政などの適切な基準を確保し、グローバル行政主体が制定した規範や行った決定の実効的な審査を提供することで、当該主体のアカウンタビリティを増進し、あるいは少なくともそれに影響を与える仕組み、原理、運用、およびそれらを支える社会的理解を包括するものと定義する[59]。

　WADC は、ユネスコ条約等を通じてグローバルなアンチ・ドーピング規範として普及してきた。問題は、この規範の執行性をいかに担保していくかということである。WADA 体制はルールのハーモナイゼーションからルールの執行という次の段階に入ってきていると言える[60]。

以上

【注】
(1) Westdeutscher Rundfunk、Exclusive: ARD Documentary exposes Doping and Cover-up System in Russia / Active Athletes、Coaches and Insiders come clean、http://www.trbas.com/media/media/acrobat/2014-12/23456511762680-03112944.pdf（2014.12.03）。またこの事件全体の経緯については、石堂典秀「ロシアのドーピング問題から考える、負の遺産としてのドーピング問題」中京大学社会科学研究所ロシア研究部会編『ロシアの現在――社会的・文化的諸相――』（成文堂、2017 年）221 頁以下参照。
(2) WADA、WADA Statement on German Television Documentary、https://www.wada-ama.org/en/media/news/2014-12/wada-statement-on-german-television-documentary（2014.12.03）
(3) WADA、WADA to undertake full investigation into German Television Documentary allegations、https://www.wada-ama.org/en/media/news/2014-12/wada-to-undertake-full-investigation-into-german-television-documentary（2014.12.10）
(4) WADA、Independent Commission Terms of Reference、https://wada-main-prod.s3.amazonaws.com/wada-independent-commission-terms-of-reference-2015-jan-en.pdf

(5) WADA、Statement regarding Extended Mandate of Independent Commission、https://www.wada-ama.org/en/media/news/2015-08/statement-regarding-extended-mandate-of-independent-commission（2015.08.14）
(6) WADA、The Independent Commission Report #1 FINAL REPORT、https://wada-main-prod.s3.amazonaws.com/resources/files/wada_independent_commission_report_1_en.pdf（2015.11.09）
(7) WADA The Independent Commission Report #2、https://wada-main-prod.s3.amazonaws.com/resources/files/wada_independent_commission_report_2_2016_en_rev.pdf（2016.01.14 作成、2016.01.27 修正）
(8) IAAF、IAAF Provisionally Suspends Russian Member Federation ARAF、https://www.iaaf.org/news/press-release/iaaf-araf-suspended（2015.11.13）
(9) IAAF、Key Moments – RUSAF Suspension and Reinstatement Process、https://www.iaaf.org/news/press-release/rusaf-suspension-and-reinstatement-timeline（2016.06.16）
(10) IAAF、IAAF TASKFORCE: INTERIM REPORT TO IAAF COUNCIL、17 JUNE 2016、https://www.iaaf.org/download/download?filename=e3b52aaa-e45e-4c79-a771-d19bf0b611fd.pdf&urlSlug=iaaf-taskforce-interim-report-to-iaaf-council（2016.06.17）
(11) WADA、Update on the Status of Russia Testing、https://wada-main-prod.s3.amazonaws.com/resources/files/2016.06.15_russia_testing_update_final.pdf（2016.06.15）
(12) IAAF、Amendments to the IAAF Competition Rules 2016-2017、https://www.iaaf.org/download/download?filename=297f5bf2-d6f3-4a57-a080-610dfb06e795.pdf&urlslug=Amendments%20to%20the%20IAAF%20Competition%20Rules%2C%20in%20force%20from%202017%20June%202016（2016.06.17）、IAAF、『中立の競技者』ガイドライン、http://www.iaaf.org/download/download?filename=123611d5-208d-45b3-a34e-69d02554b44f.pdf&urlSlug=guidelines-for-applications-under-competition（2016.06.23）
(13) IAAF、Stepanova Eligible to Compete Internationally as An Independent Neutral Athlete、https://www.iaaf.org/news/press-release/independent-neutral-athlete（2016.07.01）。但し、ユリア・ステパノワのリオオリンピックへの参加は、IOC により認められなかったため、ユリア・ステパノワは、リオオリンピックに参加できなかった。
(14) IAAF、Darya Klishina Eligible to compete Internationally as an Independent Neutral Athlete、https://www.iaaf.org/news/press-release/darya-klishina-eligible-independent-neutral-r（2016.07.09）
(15) Rebecca R. Ruiz and Michael Schwirtz、Russian Insider Says State-Run Doping Fueled Olympic Gold、http://www.nytimes.com/2016/05/13/sports/russia-doping-sochi-olympics-2014.html（2016.05.12）
(16) WADA、WADA Names Richard McLaren to Sochi Investigation Team、https://www.wada-ama.org/en/media/news/2016-05/wada-names-richard-mclaren-to-sochi-investigation-team（2016.05.19）
(17) Richard H. McLaren、The Independent Person Report、https://wada-main-prod.s3.amazonaws.com/resources/files/20160718_ip_report_newfinal.pdf（2016.07.16）
(18) IOC、Decision of Decision of The IOC Executive Board concerning the Participation of Russian Athletes in the OLYMPIC GAMES RIO 2016、https://www.olympic.org/news/decision-of-the-ioc-executive-board-concerning-the-participation-of-russian-athletes-in-the-

olympic-games-rio-2016（2016.07.24）
(19) WADA、WADA acknowledges IOC decision on Russia、stands by Agency's Executive Committee recommendations、https://www.wada-ama.org/en/media/news/2016-07/wada-acknowledges-ioc-decision-on-russia-stands-by-agencys-executive-committee（2016.07.24）
(20) iNADO、iNADO Statement on IOC Ex-Codecision concerning Pparticipation of Russian Athletes in Rio、http://www.inado.org/fileadmin/user_upload/iNADO_Statement.pdf（2016.07.24）。また、各国アンチ・ドーピング機関は、Guardian 誌において、IOC がオリンピック憲章 59 条に基づき、ロシアオリンピック委員会を資格停止としなかったことを批判する投稿を行っている。
(21) Anastasia Karabelshikova & Ivan Podshivalov v. FISA & IOC（CAS OG 16/13）
(22) natural justice とはコモンロー上発展してきた法概念であり、主として行政処分の手続的適正を判断するため判例法上確立してきたものである。競技団体が規律処分を行う場面でも同様に競技団体には、手続きを公平に行い natural justice の原則に従うことが求められるため、競技団体の規律処分の当否が争われる場合には、被処分者に対し手続的な保護を与えるための諸要素から、当該決定の有効性が検証される。手続的な保護を与えるための一つの要素として、適切な聴聞の機会を与えられること（proper opportunity to be heard）が挙げられる。競技団体は、被処分者に対し、公平な聴聞の機会を与えなければならないとされており、処分決定の段階において、被処分者は自らの主張処分決定者に伝えることができなければならない、とされている。別の要素としては、証明責任、証明の程度及び推定（Burden and standard of proof and presumptions）が挙げられる。この観点から、競技団体は、被処分者に対し、無罪のために合理的な疑いの程度を超える証明の程度を課すなど、不公正な立証責任、証明の程度が課してはならない、とされている 。CAS は、IOC 決定第 3 項が、当該競技者に対し言い分を聴く機会や適切な反証の機会を与えていない点で、当該競技者に対する手続的公正を欠くため、natural justice に反するものと評価したものと考えられる。natural justice の概念については、Adam Lewis et al.、Challenging Sports Governing Bodies（Bloomsbury Professional、2016）pp.86-89 も参照。
(23) "IWF は、加盟団体または加盟する競技者又は審判員について、ドーピングまたはアンチ・ドーピング規則違反に関連する行為を理由として、ウェイトリフティングの信用を失墜させた場合、その裁量で、ウェイトリフティングの評判及びインテグリティを保護するための適切な措置をとることができる."
(24) IPC、The IPC suspends the Russian Paralympic Committee with immediate effect、https://www.paralympic.org/news/ipc-suspends-russian-paralympic-committee-immediate-effect（2016.08.07）
(25) なお、後述する通り、IPC は、2016 年 11 月 21 日、RPC に対し、WADC に従うこと・IPC Anti-Doping Code に従うこと等の資格停止解除のための要件を課した。IPC、The IPC informs the Russian Paralympic Committee of Reinstatement Criteria、https://m.paralympic.org/news/ipc-informs-russian-paralympic-committee-reinstatement-criteria（2016.11.21）
(26) https://www.wada-ama.org/en/media/news/2016-08/wada-statement-on-ipc-decision（2016.11.21）
(27) iNADO、iNADO Statement on IPC Decision to Suspend Russia、http://www.inado.org/fileadmin/user_upload/member-docs/iNADO_Corporate_Documents/2016_August_

iNADO_Statement_on_IPC_Decision_to_Suspend_Russia.pdf（2016.08.08）
（28）Swiss Federal Tribunal (date: 03/04/2017; case: 4A_470/2016)（2017.11.17）
（29）Voice of America、84 Russian Athletes Lose Bid to Compete in Paralympics、http://www.voanews.com/a/russian-athletes-lose-bid-to-compete-in-paralympics/3495697.html（2016.09.06）
（30）WADA、The Independent Person 2nd Report、https://www.wada-ama.org/sites/default/files/resources/files/mclaren_report_part_ii_2.pdf（2016.12.09）
（31）IOCは、不正に関与した選手や関係者がオリンピックから永久追放されるべきとの声明を発表している。IOC、Statement of The IOC Regarding The "Independent Person" Report、https://www.olympic.org/news/statement-of-the-ioc-regarding-the-independent-person-report（2016.12.09）
（32）IPCは、独立ソチ調査委員会の第二次報告書を受け、ロシアの組織的ドーピング不正に対抗していく声明を発表している。IPC、IPC Statement on the Final McLaren Report、https://www.paralympic.org/news/ipc-statement-final-mclaren-report（2016.12.09）
（33）iNADOは、ロシアの競技者と組織に対しては処分が科せられるべきこと、WADAには、違反を発見し、罰を与える新しい権限が必要であること等の声明を発表している。iNADO、The Response to the Second McLaren Report Must be Strong、Decisive and Unwavering、http://www.inado.org/fileadmin/user_upload/Press_Releases/iNADO_McLaren_2_Media_Release__2016Dec9_.pdf（2016.12.09）
（34）IOC、BEIJING 2008 AND LONDON 2012 REANALYSIS PROGRAMME DEMONSTRATES IOC'S COMMITMENT TO CLEAN OLYMPIC GAMES、https://www.olympic.org/news/beijing-2008-and-london-2012-reanalysis-programme-demonstrates-ioc-s-commitment-to-clean-olympic-games（2016.12.07）
（35）IOC、DECLARATION OF THE IOC EXECUTIVE BOARD、https://www.olympic.org/news/declaration-of-the-ioc-executive-board（2016.12.07）
（36）本稿執筆現在（2017年1月31日）、既に国際大会の中止を公表した国際競技団体には、国際ボブスレー・スケルトン連盟、国際スケート連盟、国際バイアスロン連合がある。
（37）IPC、Reinstatement criteria - Russian Paralympic Committee (RPC)、https://www.paralympic.org/sites/default/files/document/161121134559873_2016_11_21%2BRPC%2Breinstatement%2Bcriteria.pdf（2016.11.21）
（38）IPC、The IPC announces Taskforce members to assess RPC progress with reinstatement criteriahttps://www.paralympic.org/news/ipc-announces-taskforce-members-assess-rpc-progress-reinstatement-criteria（2016.12.08）
（39）IAAF、Guidelines for applications under Competition Rule 22.1A、https://www.iaaf.org/download/download?filename=ff4d18e5-493f-4bba-9f23-d63dfed7815e.pdf&urlSlug=guidelines-to-competition-rule-22-1aeng
（40）IOC、Declaration of the 5th Olympic Summit、https://stillmed.olympic.org/media/Document%20Library/OlympicOrg/News/2016/10/2016-10-08-Declaration-Olympic-Summit.pdf（2016.10.08）
（41）WADAは、ロシア組織的なドーピング不正の問題を踏まえ、IFから独立した新たな検査機関の設置やWADCに違反した各国アンチ・ドーピング機関への制裁強化を行うこと等（①Compliance Review Committeeの設置、②Investigations Departmentの充実、③whistleblowing program and policyの充実、④分析機関に関するad-hoc Working

Group の設置）を目指す改革案を理事会で承認し、公表している。WADA、Wada Execute Committee and Foundation Board Meetings Summary of Out Comes、https://www.wada-ama.org/sites/default/files/resources/files/summary_notes_-_ec_fb_meeting_-november_2016.pdf

(42) NADO は、コペンハーゲンやドイツのボンなどにおいて、NADO のリーダーズサミットを開催し、財源を拠出すること、インテリジェンス活動においては競技団体との更なる連系が重要であること、ドーピング捜査、ドーピング検査、結果管理手続きが競技団体から独立した体制で実施されることなどを確認している。iNADO、NADO Leaders Propose Series of Reforms to Strengthen Global AntiDoping Efforts、http://www.inado.org/fileadmin/user_upload/NADO_Leaders_Propose_Series_of_Reforms_to_Strengthen_Global_Anti-Doping_Efforts.pdf（2016.08.30）、NADOs、Anti-Doping Leaders Renew Calls for Immediate Change in Order to Restore Confidence of Clean Athletes、http://www.playtruejapan.org/wp/wp-content/uploads/2016/10/FINAL-media-release.pdf（2016.10.26）

(43) エチオピア陸上連盟は、2016 年 12 月 28 日、アンチ・ドーピング規則の違反者に対して永久出場停止処分を下すことを発表している。

(44) 前掲注 40・Declaration of the 5th Olympic Summit

(45) ロシアのハッカー集団（Fancy Bears）による内部告発者であるユリア・ステパノワ選手のアカウントののっとりが行われた（WADA、WADA confirms illegal activity on Yuliya Stepanova's ADAMS account、https://www.wada-ama.org/en/media/news/2016-08/wada-confirms-illegal-activity-on-yuliya-stepanovas-adams-account）(2016.08.13)。

(46) iNADO は、内部通報者を保護するために、国際的にスポーツにおける不正問題に関する活動を行っている Got Ethics A/S と連携することを公表している。iNADO、iNADO and Got Ethics A/S Partner for NADO Whistleblower Reporting、http://www.inado.org/fileadmin/user_upload/Press_Releases/Media_Release_iNADO-Got_Ethics.pdf(2016.11.02)

(47) Nick Butler、ANOC and IOC call for "neutral" WADA President separate from sport and Governments、http://www.insidethegames.biz/articles/1043753/anoc-and-ioc-call-for-neutral-wada-president-separate-from-sport-and-governments（2016.11.16）。WADA のハイブリッドな法的性質を論じるものとして、Lorenzo Casini(2013)、Global Hybrid Public-Private Bodies: The World Anti-Doping Agency(WADA)、p.in Nafzinger ed.、Transnational Law of Sports、Edward Elgar、p449 以下参照。

(48) 本稿執筆時点では、ISCCS は、第二回目のコンサルテーションのフェーズにある。

(49) IPC に対し、RPC 傘下の競技者が中立競技者として、個人参加の申し出を行っているが、IPC は、RPC の資格停止処分の結果として、RPC の競技者の出場資格は失われたとして、個人参加を認めない決定を行っている。IPC、The IPC not to allow individual Russian athletes to participate at Rio 2016、https://www.paralympic.org/news/ipc-not-allow-individual-russian-athletes-participate-rio-2016(2016.09.01)

(50) IPC、Russian athletes to compete as neutrals in qualification events for PyeongChang2018、https://www.paralympic.org/news/russian-athletes-compete-neutrals-qualification-events-pyeongchang-2018（2017.11.17）

(51) CAS、statistics_2016、http://www.tas-cas.org/fileadmin/user_upload/CAS_statistics_2016_.pdf

(52) CAS OG 16/04、CAS OG 16/13、及び CAS OG 16/24。

(53) CAS、Activities of the CAS Divisions at the Olympic Games Rio 2016、http://www.tas-cas.org/fileadmin/user_upload/Report_on_the_activities_of_the_CAS_Divisions_at_the_2016_Rio_Olympic_Games__short_version__FINAL.pdf（2016.08.29）
(54) CAS Anti-Doping Division、http://www.tas-cas.org/en/arbitration/anti-doping-division.html
(55) IOC、Olympic_Agenda_2020、https://stillmed.olympic.org/Documents/Olympic_Agenda_2020/Olympic_Agenda_2020-20-20_Recommendations-ENG.pdf（2017.11.17）
(56) アンチ・ドーピング体制の構築・強化に向けたタスクフォース、『アンチ・ドーピング体制の構築・強化について～ドーピングのないクリーンなスポーツの実現に向けて～』、http://www.mext.go.jp/sports/b_menu/sports/mcatetop10/list/detail/__icsFiles/afieldfile/2016/11/08/1375009_3_2_1.pdf（2016.11.08）
(57) Marina Nehme and Catherine Ordway、Governance and Anti-Doping: Beyond the Fox and Hen House、Hass and Healey ed.、*Doping in Sport and the Law*、Bloomsbury、pp.218-213.
(58) Ken Foster (2012)、Global Administrative Law: The next step for Global Sports Law?、*Analysis Sport and the Law Journal* 19(1)、pp.48-49.
(59) 興津征雄「グローバル行政法とアカウンタビリティ――国家なき行政法ははたして、まいかにして可能か」浅野他編『グローバル化と公法・私法関係の再編』（弘文堂、2015 年）55-56 頁参照。Kingsbury、Krisch and Stewart、The Emergence of Global Administrative Law、*Law and Contemporary Problems*、vol. 68 No.3-4(2005) p.17.
(60) 石堂典秀・高松政裕「スポーツ仲裁裁判所と世界アンチドーピング機構による法規範（Lex Sportiva）の形成――オリンピック代表選考基準をめぐる仲裁事例を通じて」日本スポーツ法学会年報第 21 号（2014 年）102 頁以下参照。Hass 教授は、各国の NADO における検査対象物質や検査レベルが一貫しておられず、検査体制のあり方も見直しの時期にきているとされる（Hass and Healey、*supra* note 52、pp.38-39）。

【判例研究】

サッカー社会人リーグ試合中負傷事故損害賠償請求事件（東京地裁平成28年12月26日）判決について

松 原 範 之
（横浜綜合法律事務所）

1 事案の概要

本件は、サッカーの東京都社会人4部リーグにおける試合中、原告が相手チーム所属の被告に左脛部を蹴られたことにより、左下腿脛骨骨折、左下腿腓骨骨折の傷害を負ったと主張し、被告及び被告の所属チームの代表者に対し、共同不法行為に基づく損害賠償として約689万円の損害賠償金及びこれに対する遅延損害金の支払を求めた事案である。

なお、平成29年8月31日現在、控訴審継続中である。

2 事実関係の概要

(1) 原告は、サッカー東京都社会人4部リーグ所属チームAのメンバーであった。

被告らは、同リーグ所属チームBのメンバーである。

(2) AとBは、平成24年6月9日、千葉県内のサッカー場において対戦した。

被告（赤：10番）は前半から、原告（青：9番）は後半から出場した。

試合の後半、Aの選手が、自陣右サイド奥（自陣側）から、自陣右サイド前方（相手陣側）に向かってボールを蹴り出した。

原告は、その蹴り出されたボールを右の太腿でトラップして手前に落とし、もう一度ボールを左足で蹴ろうとしたところ、そこに走り込んで来

被告が伸ばした左足の裏側と、原告の左脛部とが接触した。
(3) 本件事故により、原告は、左下腿脛骨及び左下腿腓骨骨折の傷害を負った。

3　主な争点及び当事者の主張の骨子

(1) 故意又は過失の有無（争点1）
　1) 原告の主張
　　　本件行為は、原告に向かって走っていき、その勢いのままに、スパイクシューズを履いた足の裏を向けて突き出すというものであり、故意に原告の左脛部を蹴ったと推認される。
　　　仮に故意によるものでないとしても、スパイクシューズを履いた足の裏という危険な個所を原告の方に向けて突き出すことにより、原告が負傷する結果となることは容易に予見できたというべきであり、少なくとも過失があった。
　2) 被告らの主張
　　　被告は、原告の足を蹴ろうとしたものではなく、原告が不完全にトラップして足下から離れたボールを蹴り出そうと左足を伸ばしたものであり、被告の左足の動きに遅れて原告がボールに向かって左足を蹴り出したため、被告の左足の裏側に原告が左脛部を蹴り込むようになってしまったものである。
　　　被告にとって、抽象的な身体の接触については予見できても、上記のようにして原告に傷害結果が発生することまで予見することは不可能であるし、結果を回避することも不可能であったから、被告には故意も過失もない。
(2) 違法性が阻却されるか（争点2）
　1) 被告らの主張
　　　サッカーは、試合中に選手同士がボールの獲得をめぐり足と足を接触し合う局面が当然に予想されるスポーツであり、接触の結果、相手選手が怪我をする危険性が内在するのであるから、競技の過程で被害者が受傷したとしても、加害者が故意又は重大な過失によりルールに

反したと認められるような特段の事情がない限り、被害者も当該危険を受忍したものとして、違法性を欠く。

本件行為に対しては、審判による警告処分はもとより、ファウルの判定すらされていないことからしても、サッカー競技規則上反則であると判断されるものではなく、スポーツ競技の枠内の行為であると評価すべき行為であり、社会的相当性の範囲内の行為として違法性を欠く。

2) 原告の主張

サッカーは身体的接触を伴うスポーツであり、一定の負傷は想定されているものではあるが、それはあくまでルールの範囲内のプレーにより負傷した場合であり、少なくとも重大なルール違反を伴うプレーにより負傷した場合をも許容するものではない。

サッカー競技規則においては、相手競技者を蹴ったり、蹴ろうとする行為を、不用意に、無謀に、又は過剰な力で犯した場合には直接フリーキックが与えられるとされ、また相手競技者に対して過剰な力や粗暴な行為を加えた場合は著しく不正なファウルプレーに当たるとされているところ、本件行為は上記ルールに明らかに反する行為であり、軽微なルール違反ということはできない。

また、原告が左脛部に装着していたレガースを破損して骨折をもたらすほどの結果が生じていることからして、サッカーで想定される範囲を大きく逸脱する力を加えたものである。

したがって、被告の行為は、スポーツ行為に附随する危険として許容される範囲を逸脱する違法な行為である。

4 下級審裁判例の傾向

スポーツ活動中の競技者同士の事故で、競技者の責任が問われた裁判例の一部として、次のようなものがある。

(1) 東京地裁昭和45・2・27判決

1) 小学校のPTAの母親会員による9人制バレーボールの練習中、前衛

ライトについていた被告が打球直後転倒し、反対側コートの前衛レフトの位置いた原告の右足膝部に衝突して原告が受傷（右膝関節捻挫兼十字靱帯損傷）した事案について、裁判所は、原告の請求を棄却した。
2) 一般に、スポーツの競技中に生じた加害行為については、それがそのスポーツのルールに著しく反することがなく、かつ通常予測され許容された動作に起因するものであるときは、そのスポーツの競技に参加した者全員がその危険を予め受忍し加害行為を承諾しているものと解するのが相当であり、このような場合加害者の行為は違法性を阻却するものというべきである。

(2) 東京地裁平成元・8・31 判決
1) 全国規模で行なわれる社会人の草野球大会の東京都大会における第二次選抜会の試合中、サードゴロを打って一塁を回り、二塁ベースに滑り込もうとした被告の体の左側が、三塁手から送られてくる球をとろうとしていた二塁手の原告の左足膝あたりに衝突し、原告が受傷（左足内側々副靱帯損傷）した事案について、裁判所は、原告の請求を棄却した。
2) 野球のようなスポーツの競技中の事故については、もともとスポーツが競技の過程での身体に対する多少の危険を包含するものであることから、競技中の行為によって他人を傷害せしめる結果が生じたとしても、その競技のルールに照らし、社会的に容認される範囲内における行動によるものであれば、右行為は違法性を欠くものと解するのが相当である。

(3) 長野地裁佐久支部平成 7・3・7 判決
1) 地域住民相互の親睦を目的とし、住民一般を対象とした男女混合のソフトボールの試合中に発生した選手同士の衝突による受傷事故につき、相手選手に過失があるとして、損害賠償責任が認められた事例。
2) 一般にスポーツ競技中の事故による負傷については、社会的相当性を欠くものではないとして違法性が阻却されることが多い。とりわけ、……（中略）……プロスポーツやそれに準ずるような質の競技であれば、違法性を認め得ないのが原則と思われる。けだし、そうした試合にお

いては、出場選手の相互が肉体的に対等な条件下で、身体の激しい接触をも辞さないプレーをして得点を争うことが、言わば競技の本質上求められており、それ抜きではもはやスポーツとして成立し得ないことにもなるからである。またそうであるからこそ、……（中略）……。

しかしながら、本件のソフトボール試合は、地域住民相互の親睦を目的とした催しであり、……（中略）……、前述したようなプロスポーツやそれに準ずる競技の場合と異なり、勝敗を争ってプレーをする際に許容される行動の限度が、自ずから異なると考えられる。……（中略）……この種競技の際の負傷行為について違法性が阻却される余地は、プロスポーツなどの場合に比して狭いといわなければならない。

(4) 東京地裁平成19・12・17判決
1) フットサルのゲーム中、原告がドリブルをしていたところ、後方から原告を追いかけた被告の左膝付近が、原告の右膝の側面辺りに衝突し、原告が受傷（右脛骨関節内骨折）した事案について、相手選手の過失を否定し、原告の請求が棄却された事例。
2) フットサルは、……（中略）……、ゲーム中においては、ボールの獲得を巡って、足と足が接触し合う局面がどうしても出てくることは、容易に想定されるのであって、フットサルの正規のルール上も、過剰な力を用いて体を投げ出し、安全を脅かす場合以外は、反則として禁じられていない。しかも、ボールを保持し、又は保持しようとする者としては、相手方にボールを奪われまいとして、相手方の動作を予想して、これとは逆の動作をすることが頻繁にあることも、経験則上明らかである。これらの点を踏まえると、競技者において、相手方の動作を予想した上で、相手方の身体との衝突によって、相手方に傷害を生じさせる結果を回避すべき義務に違反したことが肯定されるのは、相当程度限られた場合になるものといわざるを得ない。

本件事故においても、その態様に照らして、被告において、左足が原告の右足と衝突するであろうことまでは、予見することができたということはいえたとしても、更に進んで傷害を生じさせる結果までは、予見することができたと認めるに足りる的確な証拠はないから、過失

があったとすることはできない。

　原告に生じた結果からすると、右膝に加わった外力は、相当なものであったと推認されるが、そうであるからといって、直ちに被告に過失があったことにはならない。
(5) 東京地裁平成 26・12・3 判決
 1) ラグビーの関東医歯薬大学リーグ戦第 2 部の試合中、被告から危険なタックルを受けて引き倒され、頭から地面に激突し、原告が受傷（頸髄損傷による重度の後遺障害）した事案について、相手方の過失を認め、原告の請求が一部認容された事例。
 2) 事故の態様について

　被告が、原告 X1 のジャージの襟首又は胸あたりを掴みながら、地面に右半身を下にして倒れ込み、原告 X1 を自分の上半身側に引き込んだことにより、原告 X1 は、頭から地面に突っ込んだものと認められる。

　被告の故意又は過失について

　このような態様で原告 X1 を引き倒せば、原告 X1 が頭から地面に叩きつけられること、これにより、頭部、頸部等に傷害を与え得ることは容易に予見でき、いかに一連のプレー中であったとはいえ、掴んだ手を離す、力を緩める等、この結果を回避することも可能であったのであるから、被告には過失があったものと認められる。

　被告は、規則に違反したプレーではなく、過失はないと主張する。しかし、過失の有無は、単に競技上の規則に違反したか否かではなく、注意義務違反の有無という観点から判断すべきであり、競技規則は注意義務の内容を定めるに当たっての一つの指針となるにとどまり、規則に違反していないから過失はないとの主張は採用することができない。なお、競技規則の観点から見たとしても、……（中略）……その行為自体、重傷を生じさせる危険な行為といえ、……（中略）……危険なプレーとも評価し得る

　違法性の有無について

　以上の諸点を総合考慮すると、ラグビーの試合中のある選手のプレー

により他の選手が通常生ずる範囲を超えて負傷した場合、被告が主張するように、故意又は重過失によるものでない限り、そのプレーは社会的相当性の範囲内の行為として違法性が完全に否定され、当該選手は、不法行為責任を負わないとすることは極端に過ぎ、相当ではないが、他方、ラグビーという競技自体に事故発生の危険が当然に想定され、ラグビーの試合に出場する選手は、その危険を一定程度引き受けた上で、試合に出場しているということ及び選手には試合に安全に参加できるよう身体的かつ技術的に準備する責任があること（競技規則序文）も勘案すれば、発生した損害の全部を加害者たる選手に賠償させるのは、損害の公平な分担を図る損害賠償法の理念に反するものといわざるを得ず、このような場合、民法722条2項の趣旨を類推して損害賠償額を定めるのが相当であると解される。

5 本判決の判断

　本判決は、主な争点について次のとおり判断した上で、競技者の責任を認め、被告に対して、247万円余りの支払いを求める限度で請求を認容し、その余を棄却した。
(1) 争点1（故意又は過失の有無）
　1) 本件事故の詳細な状況は以下のとおりである。
　　ア　原告は、Bが2点先行している状況下で、後半の途中から出場した。
　　イ　Bの選手がA陣内でフリーキックを行い、キーパーが弾いたこぼれ球を、Aの選手が、自陣右サイド奥から自陣右サイド前方へと蹴り出した。Aがボールを保持した場合には、カウンター攻撃を狙ってB陣内に攻め込もうという戦況にあった。
　　ウ　自陣前方中央付近にいた原告は、右サイドに移動してボールに追いついて右太腿でボールをトラップし、自身の体よりも1mほど前方にボールを落とすと、バウンドして膝の辺りの高さまで浮いたボールを左足で蹴ろうとして、軸足である右足を横向きにして踏み込み、左足を振り上げた。

　　　　他方、被告は、カウンター攻撃を阻むべく、原告の方に走り込んでくると、その勢いを維持したまま、左膝を真っ直ぐに伸ばし、膝の辺りの高さまでつま先を振り上げるように突き出して、足の裏側を原告の下腿部の方に向ける体勢になった。

　　　　ボールは原告の左足が触れるよりもわずかに早く被告の左足の左側面付近に当たってはじき出されたものの、上記のとおり、被告が左足の裏側を原告の下腿部の方に向けて突き出していたため、振り上げた原告の左脛部がちょうど被告が伸ばした左足の裏側に入り込む位置関係になり、原告はその左脛部で被告の左足のスパイクシューズの裏側を勢いよく蹴り上げ、反対に、被告はその左足のスパイクシューズの裏側で原告の左脛部を下方に向けて勢いよく蹴りつけることになった。

　　　　その結果、原告が左脛部に装着していたレガースが割れて脛骨及び腓骨が折れ、原告の左脛部がつま先側に湾曲するほどの力が加わった。

　エ　本件事故により原告はその場に倒れ込み、試合は一時中断されたが、本件行為に対して審判によるファウル判定、警告及び退場処分はなく、原告がフィールド外に運び出されると、ドロップボール（競技規則のどこにも規定されていない理由によって一時的にプレーを停止したときにプレーを再開する方法）により試合が再開された。

2）原告は、本件行為の時点では原告がボールをコントロールしている状況にあったことに加えて、被告が、体を投げ出し、足の裏側を向けるなど、原告の安全性を顧みていないことや、ボールをミートしにいっていないことなどから、本件行為は、故意に原告の左足を狙った行為であると主張し、原告もそのように供述している。

　　しかしながら、上記1）によれば、ボールは原告の前方1mほど離れた位置に落下しており、必ずしも原告がボールをコントロールしていたといえる状況にはないし、ミートはしていないながらも被告がボールに触れて弾き出していることに加えて、審判がファウルの判定すらしていないことなどから客観的に考察すれば、被告がボールに対して

挑んだのではなく、故意に原告の左足を狙って本件行為に及んだとまで断定することはできない。

　もっとも、被告が原告のところまで走り込んでいった時点では、原告が先にボールに追いついてトラップし、次の動作に入ろうとしている状況にあった上に、甲22及び乙3によれば、原告が左足を振り上げる動作と、被告が左足を伸ばす動作とがほぼ同時に開始されていることからすると、被告は、トラップして手前に落ちたボールを原告が蹴り出そうと足を振り上げることは当然認識、予見していたはずである。

　それにもかかわらず、被告は、走り込んで来た勢いを維持しながら、膝の辺りの高さまでつま先を振り上げるようにして、足の裏側を原告の下腿部の位置する方に向けて突き出しているのであって、そのような行為に及べば、具体的な接触部位や傷害の程度についてはともかく、スパイクシューズを履いている自身の足の裏が、ボールを蹴ろうとする原告の左足に接触し、原告に何らかの傷害を負わせることは十分に予見できたというべきである。

　そうであれば、無理をして足を出すべきかどうかを見計らい、原告との接触を回避することも十分可能であったというべきであって、少なくとも被告に過失があったことは明らかである。

　本件行為の態様からすれば、被告は、カウンター攻撃を阻む意図のもと、足が届かない可能性を承知の上で、半ば強引にボールに挑んだとの評価を免れない。

(2) 争点2（違法性が阻却されるか）

1) 被告らは、サッカーは競技者同士の身体的接触による危険を包含しており、競技中に被害者が受傷した場合であっても、加害者に故意又は重大な過失によりルールに反したと認められるような特段の事情がない限り、被害者も当該危険を受忍したものといえ、違法性を欠くと主張する。

　確かに、サッカーは、ボールを蹴るなどして相手陣内まで運び、相手ゴールを奪った得点数を競うという競技であるから、試合中に、相手チームの選手との間で足を使ってボールを取り合うプレーも想定さ

れているのであり、スパイクシューズを履いた足同士が接触し、これにより負傷する危険性が内在するものである。

　そうであれば、サッカーの試合に出場する者は、このような危険を一定程度は引き受けた上で試合に出場しているということができるから、たとえ故意又は過失により相手チームの選手に負傷させる行為をしたとしても、そのような行為は、社会的相当性の範囲内の行為として違法性が否定される余地があるというべきである。

　そして、社会的相当性の範囲内の行為か否かについては、当該加害行為の態様、方法が競技規則に照らして相当なものであったかどうかという点のみならず、競技において通常生じうる負傷の範囲にとどまるものであるかどうか、加害者の過失の程度などの諸要素を総合考慮して判断すべきである。

2) ところで、サッカー競技規則……（中略）……12条においては、ファウルと不正行為について、以下のとおり定められている。

　すなわち、〈1〉競技者が、不用意に、無謀に、又は過剰な力で、相手競技者を蹴り、若しくは蹴ろうとする、相手競技者に飛びかかる、相手競技者をチャージするなどしたと主審が判断した場合、直接フリーキックが相手チームに与えられる、〈2〉……（中略）……。

　被告による本件行為には、本件事故時点において主審によりファウルや反則行為との判定はされていないことから、これを当時に遡って競技規則に違反する行為であったということはできない。原告も本人尋問において述べているように、本件事故時のようなプレーの局面で、被告の立場に置かれた選手が足を出してボールに触れようとすること自体は、相手選手にかわされる危険を伴うために戦術として不利になりうることはあっても、これが競技規則上想定されていない行為とまでいうことはできない。

　しかしながら、被告は、原告がボールを蹴るために足を振り上げるであろうことを認識、予見していたにも関わらず、走ってきた勢いを維持しながら、膝の辺りの高さまで左足を振り上げるようにして、左足の裏側を原告の下腿部の位置する方に向ける行為に及んでおり、こ

のような行為が原告に傷害を負わせる危険性の高い行為であることに疑いはない。

　左下腿脛骨及び腓骨の骨折という重篤な結果が生じていることからしても、被告の本件行為は、原告が足を振り上げる力の方向とは反対方向に相当強い力を加えるものであったと推察される。

　そうすると、そもそも本件行為のような態様で強引にボールに挑む必要があったのか否か甚だ疑問であり、競技規則12条に規定されている反則行為のうち、不用意、すなわち注意、配慮又は慎重さを欠いた状態で相手競技者を蹴る行為であるとか、相手競技者に飛びかかる行為であると判定され、あるいは著しく不正なファウルプレー、すなわちボールに挑むときに相手方競技者に対して過剰な力を加えたものであると判定され、退場処分が科されるということも考えられる行為であったと評価できる。

　そして、原告は、左下腿脛骨及び腓骨という下腿部の枢要部分を骨折した上に、入院手術及びその後長期間にわたるリハビリ通院を要するほどの傷害を負っているのであり、相手競技者と足が接触することによって、打撲や擦過傷などを負うことは通常ありえても、骨折により入院手術を余儀なくされるような傷害を負うことは、常識的に考えて、競技中に通常生じる傷害結果とは到底認められないものである。

　被告は、不用意にも足の裏側を原告に対して突き出すような態勢で挑んだために原告に傷害を負わせているのであって、故意までは認められないとしても、被告の過失は軽過失にとどまるものとはいえない。

3) 以上の諸事情を総合すると、被告の本件行為は、社会的相当性の範囲を超える行為であって、違法性は阻却されないというべきである。

6　本判決の考察

(1) 本判決は、まず、過失の有無について、「原告に何らかの傷害を負わせることは十分に予見できた」と判示し、過失を肯定している。これが、予見可能性の対象、程度について、何らかの傷害結果発生の予見可能性があ

れば足りるとの趣旨であるとすると、スポーツ活動中の競技者同士の事故において、競技者の注意義務違反が否定される場面はほとんどないものと思われ、疑義がある。予見可能性の対象・程度については、ある程度の具体的な傷害結果の発生の予見可能性を必要とすべきであろうと思われるが、それは、様々な競技ごとに異なってくるのではないだろうか。

　また、本判決は、過失の有無の判断において、競技規則との関係について触れていない。過失の有無は、あくまで民法上認められるべき注意義務違反があるか否かをもって決せられるものであって、競技規則違反が直ちに民法上の注意義務違反となるものではないが、判断要素として無視することはできないと思われる。

　なお、本判決は、過失の程度について、違法性の有無の判断の中で、「被告の過失は軽過失にとどまるものとはいえない」と判示しているが、結果の予見可能性の程度は、その論拠の1つとなると考えられる。

(2)　次に、本判決は、違法性が阻却されるかについて、「サッカーの試合に出場する者は、このような危険を一定程度は引き受けた上で試合に出場しているということができるから、たとえ故意又は過失により相手チームの選手に負傷させる行為をしたとしても、そのような行為は、社会的相当性の範囲内の行為として違法性が否定される余地がある」と判示しており、競技者の責任について、危険の引き受けの問題として、社会的相当性の範囲内の行為として、違法性が阻却される余地を認める考え方に立つものと思われるが、正当行為や被害者の承諾といった点について直接の言及はない。

　続けて、本判決は、「社会的相当性の範囲内の行為か否かについては、①当該加害行為の態様、方法が競技規則に照らして相当なものであったかどうかという点のみならず、②競技において通常生じうる負傷の範囲にとどまるものであるかどうか、③加害者の過失の程度などの諸要素を総合考慮して判断すべき」と判示しており、判断要素として、正当行為（ルールに従っている限り、行為の違法性は阻却される）や被害者の承諾（行為自体外に当該傷害結果についても同意のあることを必要とし、その傷害が当該スポーツにより通常予測される動作によるものである限り、違法性が阻却される）といった考え方に言及しており、違法性が阻却されるか否かを総合的に判

断する考え方に立つものと思われる。違法性が阻却されるか否かを総合的に判断する点において、異論はないものと思われるが、判断要素の論拠や理論的整合性については、議論の余地があると思われる。

(3) また、本判決は、サッカー競技規則 12 条に触れた上で、本件行為について「競技規則 12 条に規定されている反則行為のうち、……（中略）……、すなわちボールに挑むときに相手方競技者に対して過剰な力を加えたものであると判定され、退場処分が科されるということも考えられる行為であったと評価できる」と判示し、違法性が阻却されるか否かの判断の考慮要素として、本件行為が競技規則に違反するか否かに言及している。裁判所が、審判の判断に拘束されないのは当然のことと思われ、裁判所の判断が審判の判断と異なることがあり得ることもまた当然のことと思われる。

7　本判決の意義について

本判決は、本件事故の詳細な状況を認定した上で、過失の有無を判断し、違法性が阻却されるかを判断しており、競技者の責任の判断の枠組みとしては、これまでの裁判例の流れと同じくするものと思われるが、サッカー競技者の責任を認めた事例として、また、競技者の責任の有無の判断をするときにどのような事情に着目すべき事情の視点を示すものとして、今後、類似の事案の解決において参考になると思われる。

8　その他

競技者の責任を肯定した本判決の判断については、サッカーは、「プレーヤー同士が身体を接触し合って、足でボールを奪い合うことがその本質として求められている」として、サッカーというスポーツが成り立たなくなってしまうといった批判や、プレーヤーへの萎縮効果への懸念が示されている。

しかしながら、サッカーでは、足の裏を相手選手に向ける行為や後方からのタックルは、相手選手に怪我をさせる恐れのある危険な行為として禁

止されている。このような危険な行為に対して毅然とした対応を取ること、危険なプレーが招いた結果には責任を取らせること、そのことが萎縮効果を及ぼすとすれば、それは危険なプレーに対するものである。

　これとは逆に、スポーツのゲーム中の事故であることを過剰に重視して、危険なプレーによる被害を放置するようなことになれば、それこそ、サッカーが危険なスポーツとして成り立たなくなってしまうと思われる。

　サッカーが危険なスポーツであるか否か、それには様々な価値判断の下、多種多様な考え方があり得ることは当然であるが、競技者の責任を肯定することによるプレーへの萎縮効果については、慎重に検討する必要があると思われる。

以上

【参考文献】
・スポーツ問題研究会編『Q＆Aスポーツの法律問題 第3版補訂版』民事法研究会、2015年
・日本弁護士連合会弁護士業務改革委員会＝スポーツエンターテインメント法促進PT『スポーツ事故の法務』創耕舎、2013年
・多田光毅＝石田晃士＝椿原直『スポーツ法の実務』三協法規出版、2014年
・菅原哲朗ほか『スポーツの法律相談』青林書院、2017年
・弁護士によるスポーツ安全対策検討委員会編『スポーツ事故対策マニュアル』体育施設出版、2017年

【スポーツ仲裁評釈】

JSAA-AP-2016-006（柔道）
仲裁判断について

井 神 貴 仁
（酒井法律事務所）

1 事案の概要

　本件は、A大学柔道部（以下、大学を「本件大学」、柔道部を「本件柔道部」という）の上級生であった学生B（当時3年生）が、2015年12月1日、柔道部の下級生であった学生C（当時2年生）に対し、加療1か月を要する顎部骨折の傷害を負わせ（以下「本件傷害事件」という）、この事件を契機に行われた本件大学による暴力事案等に関する調査を経て、被申立人が、2016年3月3日、本件柔道部の部長であった申立人に対し、下記の理由により、1年間の会員登録停止等の処分を行った事案である（以下「本件処分」という）。

記

　平成25年6月から被申立人が組織を挙げて「暴力の根絶」に取り組んでいるにもかかわらず、本件柔道部においては、少なくとも平成26年以降、上級生が下級生に暴力を振るっていた事案が少なからず認められ、さらに、平成27年11月中旬の夜間、同大学柔道部寮の自室に呼び集めた4年生に対して、「Cを厳しく指導しろ」とあたかも暴力的指導を容認するかのごとき言辞で同

大学柔道部員の学生Cに対する指導方法を指示するなど、暴力の根絶に向けて柔道部員を監督すべき立場でありながら、必要な監督を怠った。

なお、上記指示を受けた4年生のうち3名は、同年11月20日ころ、同寮内において、学生Cに対して殴る、蹴るの暴行を加えたほか、3年生1名は、同年12月1日、同寮内において、学生Cに対して殴る、蹴るの暴行を加え、顎部骨折の加療1か月を要する傷害を負わせる事案が生じたものである。

2　判断の前提となる事実

(1) 当事者
  1) 申立人
    申立人は、国際大会等で活躍した柔道競技の元選手で、その後、大学の柔道部コーチ等を務め、2010年4月に本件柔道部の部長に就任した者である。
  2) 被申立人
    日本国内における柔道競技を統括する競技団体である。

(2) 本件処分に関する経緯等
  1) 2013年6月以降
    被申立人は組織を挙げて「暴力の根絶」に取り組んでいた。
  2) 2015年11月15日頃
    ア　申立人は、学生Cの生活態度を問題視し、4年生部員を集めて「地獄」という表現も交えながら、4年生部員に対し、学生Cを厳しく指導するよう指示した。
    申立人は、寮に住んでいる学生Cに対し、上級生である学生Hの部屋に移動するように指示していた。学生Cは、1年の頃から学生Hに暴力を振われていた。
    イ　学生Bは、4年生から申立人の指示を聞き、「口で言っても分から

なければ、多少の暴力もやむを得ない」と考えた。また、4年生らも、「口で言っても分からないなら多少の暴力は良いのか」等、同趣旨の認識をしていたことを示す供述をしている。

申立人も、後の審問期日において、学生らのこの受け止め方につき、「私が言ったことでそういう風に思ったということは少なからずあると思う」と述べている。

3) 2015年12月

学生Bは、4年生から上記の2015年11月15日頃の申立人の指示を聞き、2015年12月1日、学生Cに対し、本件柔道部の寮の食堂内で約30分位にわたり、殴る蹴るの暴力を振った。食堂内には4、5人位の学生がいたが救急車が呼ばれるとか、通報がされるといったこともなく、学生Cが学生Bに暴力を振われ傷害を負ったことについて、申立人は、2015年12月4日、被害を受けた学生Cから説明を受けて認識した。

申立人は、この暴力事件に至る原因について、学生Cの生活態度に問題があり、学生Bの正義感によるといった説明をしている。

申立人と学生Cの和解の有無については、和解書面等はないが、刑事事件とはなっていない。

2015年12月21日、被申立人は上記暴力事件に関する情報提供を受け、本件大学に調査を依頼した。

4) 2016年1月

2016年1月1日、本件大学は申立人に対し柔道部部長を一時（3か月）解く処分をした。

2016年1月18日、19日、被申立人は暴力事案についての事情聴取のため申立人に連絡を行ったが、呼び出しに申立人は応じなかった。

2016年1月25日、本件大学が被申立人に第1回目の調査結果を報告した。

5) 2016年2月

2016年2月9日、本件大学が被申立人に調査結果を報告した。

2016年2月15日、被申立人は、本件大学のE学生部長（以下「E部長」という。）に対し、電子メールにて、被申立人の懲戒委員会の日時場所につき連絡し、E部長が、申立人に対し、当該電子メールを転送した。

2016年2月23日、本件大学のE部長が、申立人に対し、翌24日の被申立人の懲戒委員会について、調査票を含む厚さ2cmほどの資料を交付した。申立人の代理人も同資料を受け取っている。

2016年2月24日、被申立人の申立人及び学生らに対する懲戒委員会が行われ、申立人は、被申立人に対し弁明書を提出した。

6）2016年3月

2016年3月3日、被申立人は申立人に対し、倫理・懲戒規程第3条、公認柔道指導者資格制度規程第7条に基づく処分を行った。

2016年3月31日、申立人が学生に対し不利な証言をしないよう学生に強要した件等で、本件柔道部の部員らが本件大学E部長、F係長に直訴した。

7）2016年4月

2016年4月1日、本件大学は申立人の本件柔道部の部長に関する業務を停止する発令をした。

2016年4月中旬にかけ、被申立人の目安箱に申立人の言動につき通報が寄せられた。2016年4月12日、被申立人が本件大学に申立人の言動について説明を要請した。

2016年4月13日、申立人は弁明書を本件大学に提出した。

2016年4月21日、本件大学が申立人につき、本件柔道部の部長を免じる辞令を出した。

2016年4月23日、本件大学が本件柔道部の父兄会を開催し、出席した学生から「私が入部したころから、手を上げるという行為につきましてはありました。そういった状況がずっと続いていて」という発言があった。本件大学は学生の調書の漏えい問題等につき調査を約束し、本件大学が調査委員会を設置した。

8) 2016年5月以降

　2016年9月13日、本件大学が被申立人に対し、「柔道部暴力等調査委員会」の調査結果報告を行い、同年9月28日、本件大学は申立外G大学に調査結果を報告した。

3　当事者が求めた仲裁判断及びその主張

(1) 申立人の主張等

　申立人は、本件処分が誤った事実関係を前提とする不相当に過大な制裁を課すものであり、著しく合理性を欠き、処分に至る手続にも瑕疵があること等を理由として、以下の仲裁判断を求めた。
1) 被申立人が、2016年3月3日に、申立人に対して行った、同日から2017年3月2日まで「会員登録停止」として、併せて指導活動を禁止するとともに、同期間において「指導者資格停止」とする処分を取り消す。
2) 仲裁申立料金は被申立人の負担とする。

(2) 被申立人の主張等

　被申立人は、以下の仲裁判断を求めた。
1) 申立人の請求を棄却する。
2) 仲裁申立料金は、申立人の負担とする。

　　なお、被申立人は、スポーツ仲裁における仲裁判断基準につき、「スポーツ団体は、団体自治権を有し、その団体の手続き規程に則り手続きが履行され、処分が下された場合、一応その判断に合理性が認められるべき」であり、「当該スポーツ団体が、裁量権を逸脱する程の、著しく過大な制裁を科したり、前記手続き規程を意図的に違反するような瑕疵がない限り、当該手続きにより下された処分は、有効なものと認定されるべきもの」と主張し、弁明の機会の付与に関し、行政手続法等で行政庁に求められるレベルあるいはそれ以上のレベルの対応を、

「被申立人を含むスポーツ団体に求めることは、全く理由がないばかりか、これまでの実務慣行、人的・財政的能力等から到底対応できないことを求めるものである。」等と主張した。

4 争点

(1) 判断の基準
(2) 処分の決定に至る手続に瑕疵があるか（手続の瑕疵）
(3) 処分の内容が著しく合理性を欠くか（処分の相当性）

5 本件スポーツ仲裁パネルの判断

(1) 争点1（判断の基準）について
　1) 本件スポーツ仲裁パネルの判断
　　　競技団体が行った決定の取消しが求められている事案において、いかなる場合に取消しができるかについて、日本スポーツ仲裁機構の仲裁判断の先例によれば、「日本においてスポーツ競技を統括する国内スポーツ連盟については、その運営について一定の自律性が認められ、その限度において仲裁機関は国内スポーツ連盟の決定を尊重しなければならない。仲裁機関としては、①国内スポーツ連盟の決定がその制定した規則に違反している場合、②規則には違反していないが著しく合理性を欠く場合、③決定に至る手続に瑕疵がある場合、または④規則自体が法秩序に違反しもしくは著しく合理性を欠く場合において、それを取り消すことができるにとどまると解すべきである。」と判断されている（JSAA-AP-2003-001号仲裁事案（ウェイトリフティング）、JSAA-AP-2003-003号仲裁事案（身体障害者水泳）等）。

　　　本件スポーツ仲裁パネルもこの基準が妥当であると考え、本件においてもこの基準に基づき判断すべきものと考える。

2) 被申立人の主張について

日本スポーツ仲裁機構は、これまで積み重ねられてきた先例に関する仲裁判断において、「スポーツに関する法及びルールの透明性を高め、健全なスポーツの発展に寄与する」(スポーツ仲裁規則第1条)という目的を実現するために、競技団体の自治を尊重しつつ判断してきたものであり、その結果、多くの仲裁判断を経て確立された判断基準が上記(1)の基準である。競技団体の行った処分を取り消すためにより厳格な要件が必要とする被申立人の主張は、これまでの日本スポーツ仲裁機構の先例における判断を無視し、極端に競技団体の自治の尊重に偏ったものと言わざるを得ず、これを採用することはできない。

もとより行政機関ではない競技団体に行政手続法等が直接的に適用される余地はないが、その規定の趣旨が法の一般原則・条理の表現でもある場合には、それが競技団体の決定に対して適用されることも認められるべきであり、懲戒処分手続における処分対象者に対する弁明の機会の付与等の手続は、処分対象者に不当な不利益を課すことのないように、その権利を保護するための手続であるから、競技団体の決定についても行政手続法等の規定の趣旨は適用が認められるべきものである。とくに、被申立人は、日本国内における柔道競技を統括する唯一の競技団体であり、柔道競技に関わろうとする者は被申立人に登録しなければならないのであるから、被申立人のような国内競技団体とその構成員との関係は、行政機関と一般市民との関係に類似すると考えられるのであり、この点においても行政手続法等の規定の趣旨を適用することには合理性が認められる。

柔道競技を統括する国内唯一の競技団体である被申立人が、当該競技について責任を有し、高い公益性を有することに鑑みれば、実務慣行や人的・財政的能力を理由に義務を免れることはできないというべきである。また、そもそも懲戒処分における弁明の機会の付与という手続を履践するために、とくに多くの人員や資金を必要とするものとは認められないのであるから、この点においても被申立人の主張は失

当であり、これを採用することはできない。
3) よって、本件スポーツ仲裁パネルは、本件においても、上記(1)記載の基準に基づき判断する。

(2) 争点2（手続の瑕疵）について
1) 被申立人のような国内競技団体が、その構成員に対して懲戒処分等の不利益処分を行う際には、行政手続法等が求めるものと同等の弁明の機会を付与することが不可欠であると解すべきである。具体的な手続としては、懲戒の対象となる事実の告知、及び、弁解聴取の機会の確保の2点につき検討が必要と考える。

　この点からみると、本件処分では、処分の対象となる事実が弁解の聴取時までに明示されておらず、本件処分に先立つ懲戒委員会の出席要請につき、申立人には、被申立人ではなく本件大学を通じて連絡がなされており、直接の連絡を受けていないという問題がある。

　その後、申立人は、懲戒委員会の前日に本件柔道部における暴力事案の一覧表を含め、本件大学から資料を受領しているが、この資料を踏まえて本人が作成し、懲戒委員会に提出された弁明書は、処分の対象事実のすべてを網羅したものとまではいえない。

　また、処分の前提となる事実の調査について、本件柔道部における暴力事案に関する調査票の作成や、関係者からの事情聴取など、被申立人は、事実関係の調査につき本件大学の調査に専ら依拠しているといえ、十分な調査が行われたとまでは言い難い。

2) 以上のとおり、処分の対象となる事実の告知に不足があることや、申立人に対する連絡の方法が直接なされたものでなく適切とまでは言えないこと、資料の交付が懲戒委員会の前日であることなどを踏まえると、この事実の告知の不足等により、十分な弁解ができなかったという申立人の主張は、一定程度成り立つので、本件において手続に瑕疵がないとすることには、違和感を覚えざるを得ない。

　もっとも、これらの事情を考慮するとしても、前月に呼び出しを受

けた事情聴取についても、応じることはできたこと、懲戒委員会の開催の連絡から、委員会が開かれる日まで、ある程度の日数が置かれていること、懲戒委員会の開催前に申立人も代理人も関係資料を受領し確認を行っていること、その資料も見た上で弁明書を作成していると認められること、また、懲戒委員会の議事録によれば、本件柔道部における暴力と監督のあり方が主たる論点であり、それについては申立人本人も概ね理解していることが認められる。

3）結論

これらの事情を総合的に勘案すると、本件処分の手続に瑕疵がないとは認められないものの、結果的に主たる懲戒対象事実について弁明はなされていると評価できるため、本件処分の決定に至る手続に瑕疵があることを理由として、あえて本件処分を取り消す必要までは認められない。

(3) 争点3（処分の相当性）について

1）処分の理由と事実認定について

申立人に対する処分の理由は上記第2に記載のとおりであるが、そのなかで、本件柔道部において、少なくとも2014年以降、上級生が下級生に暴力を振るっていた事案が少なからず認められたこと、申立人が、2015年11月中旬の夜間、同大学柔道部寮の自室に呼び集めた4年生に対して、「Cを厳しく指導しろ」とあたかも暴力的指導を容認するかのごとき言辞で学生Cに対する指導方法を指示したことなどが挙げられている。

これらをみるに、例えば、「少なからず認められた」、「暴力的指導を容認するかのごとき言辞」といった、解釈の余地を残す表現が使われているため、処分の理由として十分な証拠に基づき事実の認定がなされていないのではないかとの疑問を生じさせる余地がある。

しかしながら、少なくとも、信用性ある証拠に基づいて、2014年以降に上級生が下級生に継続的に暴力を振るっていたことが認められ、

また、申立人が2015年11月中旬に呼び集めた4年生に対して「Cを厳しく指導しろ」と指示し、その指示につき、本件柔道部の4年生や学生Bが、多少の暴力は仕方がないといった認識をしていた事実もまた認められる。
　したがって、表現の適否はともかく、処分の理由とされた事実が証拠に基づかずに認定されたということはできず、この点において不当な処分ということはできない。
2）本件処分が過剰な制裁か
　申立人は、本件処分につき、過剰な制裁を与えるもので、処分の内容が著しく不相当と主張し、とりわけ、Ⅰ大学との事案の比較において著しく不相当との主張をする。
　確かに、Ⅰ大学柔道部の事案は集団暴行事件であり監督する立場にある部長の処分は戒告処分であるが、被申立人によれば、同部長の事件後の対応が全く異なるといったこと、怪我を負った学生Cや親が申立人につき宥恕をしているかにつき、双方の言い分が食い違っており和解があったとまでは認めがたいといった差異がある。
　とりわけ、本件は、Ⅰ大学柔道部の事案と異なり、被申立人が組織を挙げて「暴力の根絶」への取り組みを始め、登録している構成員への対応を繰り返し求めている中で発生した暴行事件である点で、Ⅰ大学柔道部の事案と必ずしも同列に比較することは妥当ではない。また、本件では、少なくとも2014年以降に上級生から下級生に継続的な暴力が発生していたことは明らかであり、2015年11月15日頃の申立人による厳しくするようにという言辞後、多少の暴力は仕方がないと受け止めた学生らにより学生Cに暴力が振るわれ、2015年12月1日の暴行は寮内で行われ傷害事件に至っていること等を踏まえれば、部員に対する監督責任として、本件処分の内容が過剰なものであり、著しく不相当ということはできない。
3）小括
　以上のとおり、本件処分における被申立人の事実認定につき、証拠

が揺るぎないとまではいえなくとも、それほどの不合理さはないと認められる。そのうえで、本件柔道部における 2014 年以降の継続的な暴力発生や、2015 年 11 月 15 日頃の申立人の言辞とその後の複数の上級生による学生 C に対する暴力発生、寮内における学生 C への暴行で顎部骨折の加療 1 か月を要する重傷が発生しているという、必要な監督が行われなかったことにより発生していた本件柔道部内の暴力という結果の重大性からすれば、本件処分が社会通念上著しく合理性を欠くとまではいえないと判断できる。

6　本件スポーツ仲裁パネルの結論

請求の趣旨 1 について棄却する。請求の趣旨 2 について申立料金の負担は、下記仲裁パネル付言で述べるところに鑑み、双方半分の負担とする。

7　本件スポーツ仲裁パネルの付言

本件処分においては、申立人に対する手続保障が十分に行われていなかった等、手続的に問題があることは重ねて指摘しておきたい。

第一に、被申立人は、申立人に対して懲戒委員会開催の事実について本件大学を通して通知したり、事実関係の調査につき本件大学の調査に専ら依拠しているなど、本件大学を本件処分の当事者であるかのように扱っている。しかし、本件大学は、申立人、被申立人のいずれとも、潜在的な利益相反関係を孕んでいることに鑑みれば、被申立人は、本件大学を、あくまでも第三者として、遇するべきであった。

第二に、被申立人は、懲戒の対象となる事実について、申立人には、明確には告知していない。

第三に、被申立人は、本件処分が出された 2016 年 3 月 3 日以降に発覚した本件処分前の事実や、同日以降の事実を数多く主張している。さらに、それら事実の中には、本件処分とは関係のない事実も含まれている。しかし、

これらの事実は、本件処分が取り消されるべきかを判断する上では無関係である。

第四に、本件処分の処分理由には、「あたかも暴力的指導を容認するかのごとき言辞で同大学柔道部員のCに対する指導方法を指示するなど、暴力の根絶に向けて柔道部員を監督すべき立場でありながら、必要な監督を怠った。」とある。本件処分は、申立人の監督責任を問うものではあるが、「あたかも暴力的指導を容認するかのごとき言辞」とあるように、本件処分が、申立人の行為責任をも問うように受け取られる表現を用いている。この点、懲戒委員会議事録を読んでも、申立人との間で申立人の行為責任を問うようなやり取りがある。懲戒委員会の場でも、申立人は、監督責任自体は認めている。したがって、懲戒委員会の場で、もう少し、丁寧なやり取りが望まれたと言わざるを得ない。

懲戒委員会の出席者である被申立人理事J氏は、「お互いに暴力はダメということを理解しましょう。気づかなかった。でも気づいたのだから今後はこういう風にしていきますというのがここの意味だと思う」と述べている。氏が述べられているように、懲戒委員会の場は、単に、制裁のための場ではなく、本件の場合であれば、「暴力根絶」に向けての理解を深めるための場でもあるはずである。しかし、仲裁パネルとしては、懲戒委員会においては、残念ながら、被申立人が申立人を一方的に糾弾している感が否めない。

以上、縷々述べたが、仲裁パネルは、被申立人が国内唯一の統括競技団体として本件仲裁申立てを契機にさらなるガバナンスの整備、運営強化に努めることに期待するとともに、「暴力根絶」に向けて、今後一層、啓蒙活動をはじめとする情報発信に努力することを期待するものである。

8 評釈

(1) 本件スポーツ仲裁の位置づけについて[1]

本件は、JSAAのスポーツ仲裁における紛争類型のうち、競技団体が、

競技団体の競技規則や要項等の違反を理由として、競技者等に行った不利益を与える不利益処分をめぐる紛争である「不利益処分紛争」に該当する。

JSAAにおける過去の不利益処分紛争は17件あり、これをさらに分類すると、①競技者に対する資格停止処分・除名処分、②代表選考からの除外処分、③代表内定の取消処分、④成績取消処分、⑤指導者（監督・コーチ等）に対する資格停止処分に分けられるようである。

同分類によれば、本件スポーツ仲裁は、「⑤指導者（監督・コーチ等）に対する資格停止処分」における1つの紛争として位置付けられる。

(2) 争点1 - スポーツ仲裁における判断基準 - について
 1) 判断基準について

本件スポーツ仲裁パネルは、いかなる場合に競技団体が行った決定の取消しができるかという判断基準につき、「スポーツに関する法及びルールの透明性を高め、健全なスポーツの発展に寄与する」（スポーツ仲裁規則1条）と「競技団体の自治の尊重」との比較衡量の結果、これまでの仲裁判断と同様の基準を採用するとした。

この基準は、多くのスポーツ仲裁判断を経て確立された判断基準であり、仲裁パネル、申立人及び被申立人としては、今後も同判断基準を前提とすることになるであろう。

 2) 法の一般原則・条理について

本件スポーツ仲裁パネルは、競技団体に対して行政手続法等の一般原則・条理が適用される理由として、主として、①法の規定の趣旨が一般原則・条理の表現でもあること、②競技団体とその構成員との関係は、行政機関と一般市民との関係に類似すると考えられることの2点をあげている。

この判断からすれば、競技団体がその構成員に対し、不利益処分等を行う場合、行政手続法でも明文化された弁明・聴聞の機会の付与（行政事件法13条）、不利益処分の理由の提示（同法14条）等の法の一般原則・条理を遵守する必要があり、これに反した場合、スポーツ仲

裁により取り消される可能性があるということになる。
3）求められる弁明の機会のレベルについて

　被申立人は、弁明の機会の付与について、競技団体に対して、行政手続法等により行政庁に求められるレベルあるいはそれ以上のレベルの対応を求めることが、これまでの実務慣行、人的・財政的能力等から過剰であり、緩やかな弁明の機会の付与で足りるという趣旨の主張をした。

　これに対し、本件スポーツ仲裁パネルは、主として、①被申立人である競技団体が当該競技について責任を有し、高い公益性を有すること、②聴聞の機会の付与にあたり多くの人員や資金を必要とするものとは認められないことを理由に、被申立人の主張を排斥している。

　この判断を前提とすれば、当該競技を統括する国内唯一の競技団体については、少なくとも行政庁と同等レベルの弁明の機会を付与する対応が求められることになるが、処分対象者に不当な不利益を課すことがないように、その権利を保護するという弁明の機会の趣旨に鑑みれば、妥当な結論であるといえる。

(3) 争点2 - 手続の瑕疵 - について

　本件スポーツ仲裁パネルは、「本件処分の手続に瑕疵がないとは認められないものの、結果的に主たる懲戒対象事実について弁明はなされていると評価できるため、本件処分の決定に至る手続に瑕疵があることを理由として、あえて本件処分を取り消す必要までは認められない。」と判断した。

　この判断をどのように解釈するか難しいところではあるが、最高裁昭和49年12月10日第3小法廷判決（民集28巻10号1868頁）が参考になる。

　同判例は、旧教育委員会法が、教育委員会の会議を公開すべきものと定めていたにもかかわらず、免職処分を議決した会議が非公開のまま行われた事案につき、「本件免職処分の議決には、その審議を秘密会でする旨の議決が完全な公開のもとにない会議で行われたという点において形式上公開違反の瑕疵があるとはいえ、右処分案件の議事手続全体との関係からみれ

ば、その違反の程度及び態様は実質的に前記公開原則の趣旨目的に反するというに値いしないほど軽微であり、これをもって右免職処分の議決そのものを取り消すべき事由とするにはあたらないものと解するのが、相当である。」と判示した。

　本件スポーツ仲裁パネルが、上記判例の考え方を取り入れたとすれば、今後の仲裁判断に一定の影響を与えるものであるといえる。

(4) 争点3 - 処分の相当性 - について
　1) 不利益処分の判断手法について
　　　本件スポーツ仲裁パネルは、本件処分について、①処分の理由（事実）、②処分の相当性の2つのレベルにおいて妥当性を判断しており、これはスポーツ仲裁だけでなく、行政事件訴訟や労働事件訴訟においてもみられる判断である。
　2) 処分理由（事実）について
　　　本件スポーツ仲裁パネルは、被申立人の処分理由について、「「暴力的指導を容認するかのごとき言辞」といった、解釈の余地を残す表現が使われているため、処分の理由として十分な証拠に基づき事実の認定がなされていないのではないかとの疑問を生じさせる余地がある。」との言及をしている。

　　　もっとも、「暴力的指導を容認するかのごとき言辞」との記載は、処分理由に記載された事実を評価した部分であり、このような記載があることをもって、「処分の理由として十分な証拠に基づき事実の認定がなされていないのではないかとの疑問を生じさせる余地がある。」といえるかは慎重に検討されなければならない。

　　　いずれにしろ、本件スポーツ仲裁パネルは、被申立人の事実認定について、結論的には証拠に基づかず認定されたということはできないと判断した。
　3) 処分の相当性について
　　　申立人は、I大学の集団暴行事件において選手らを監督する立場で

ある部長の処分が戒告処分であったことと比較して、本件処分が重すぎるという趣旨の主張をした。

これに対し、本件スポーツ仲裁パネルは、被申立人が「組織を挙げて「暴力の根絶」への取り組みを始め、登録している構成員への対応を繰り返し求めている中で発生した暴行事件である点」を強調した上で、本件とＩ大学の集団暴行事件とを同列に比較することができないと判断している。

各競技団体は、昨今、程度の差こそあれ「暴力の根絶」への取り組みを行っていることからすれば、暴力事案に対する処分が、競技団体におけるこれまでの処分よりも重いものであったとしても、比例原則違反や平等原則違反を理由に取り消される可能性はそれほど高くないといえるかもしれない。

(5) 本件スポーツ仲裁パネルの「付言」について

本件スポーツ仲裁パネルは、上記「付言」記載の理由に基づき、申立料金を申立人及び被申立人が２分の１ずつ負担するという決定をしている。

この決定は、申立人の請求については棄却せざるを得ないものの、被申立人についても否定しがたい問題があった事案について、両者の調整を図るものとして参考になる判断であるといえる。

以上

【注】
(1) 杉山翔一「日本スポーツ仲裁機構の現在地と今後の課題」『仲裁とADR』Vol.12、43頁以下、2017年

【スポーツ仲裁評釈】

JSAA-AP-2016-001（自転車）
仲裁判断について

金 刺 廣 長
（太田・渡辺法律事務所）

1 事案の概要

本件は、自転車競技において強化指定選手に選ばれていた申立人に対し、被申立人（公益財団法人日本自転車競技連盟）が、申立人が2016年伊豆大島アジア選手権大会に出場した際、被申立人の指示あるいは方針に背いたことを理由として、平成28年6月3日、リオ・オリンピック女子ロードレースの選考から申立人を除外する決定（以下、「本件処分」という）をしたところ、申立人が本件処分について取り消しをするよう求めた事案である。

2 紛争の概要

(1) 当事者

申立人は、自転車競技のロードレース、タイム・トライアル種目等の競技者であり、スポーツ仲裁規則（以下、「仲裁規則」という）3条2項の「競技者」である。

被申立人は、日本国内において自転車競技を統括する公益財団法人であり、公益財団法人日本オリンピック協会及び公益財団法人日本体育協会に加盟する団体であって、仲裁規則3条1項の「競技団体」である。

(2) 手続き

1) 仲裁合意について

スポーツ仲裁は、書面等の明示的な方法をもって、申立人と被申立人との間に、申立てに係る紛争をスポーツ仲裁パネルに付託する旨の合意がなければならない（仲裁規則2条2項）。

被申立人においては、登録者規程7条において、「本連盟の事業に関して行った決定事項に対する不服申し立てについては、公益財団法人日本スポーツ仲裁機構の「スポーツ仲裁規則」に従ってなされる仲裁により、解決されるものとする」との規定があり、また、強化指定選手に対する指定取消し等の不利益処分に関する手続規程（以下、「本件手続規程」という）15条1項においても、被処分者は、日本スポーツ仲裁機構に対し処分の取り消しを求めて仲裁の申立を行うことができるとしている。

したがって、本件について仲裁合意が認められている。

2）緊急仲裁手続きについて

本件は、緊急仲裁手続き（仲裁規則50条）によって仲裁がなされた。

被申立人からは異議が出されたものの、仲裁パネルは、リオ・オリンピックの代表選手を最終決定する2016年全日本選手権ロードレースが2016年6月25日に伊豆大島で開催され、本件処分によって代表選手となる道を閉ざされている申立人もこのレースに出場することを予定していることから、緊急仲裁に付する旨の判断は合理的であるとした。

3　争点及び争点に関する当事者の主張

(1) 請求の趣旨

申立人は、①被申立人が2016年6月3日に決定し、同月6日に申立人に通知したリオ・オリンピック女子ロードレースの選考から除外するとの決定の取り消し、②仲裁申立料金を被申立人の負担とすることを求めた。

なお、被申立人は、①上記処分取消の請求について棄却すること、②上記仲裁申立料金は申立人の負担とすることを求めた。

(2) 争点

本件における争点は以下のとおりである。

① 申立人の本件指示違反の有無
② 本件処分が比例原則に反するか否か
③ 本件手続規程の施行日は 2016 年 4 月 26 日であるところ、被申立人が 2016 年 1 月 23 日の申立人の行為について本件手続規程を適用することができるか否か
(3) 争点①に関する双方の主張内容
　1) 申立人について
　　　申立人の主張は、本件処分の理由となった事実について否認し、本件処分は根拠を欠くというものである。
　　　本件処分の理由となった事実については以下の 2 点である。
　ア　日本チーム 4 名全員が集団の前方でまとまって走り、他のチームがアタックを仕掛けた場合には申立人がアタック潰しを行うという指示に反したこと
　イ　日本チームのエースである選手を優勝または同選手に多くの UCI ポイントを獲得させるという方針に反したこと
　　　しかし、申立人は、上記アの指示が存在せず、上記イについても方針に違反してはいないと主張をした。
　2) 被申立人について
　　　被申立人の主張は、上記 1) ア及びイの事実が存在したので、本件処分には相当な理由があるというものである。
(4) 争点②に関する双方の主張内容
　1) 申立人について
　　　申立人の主張は、上記 (3) 1) ア及びイの記載の事実が認められるとしても、当該違反が重大なものとはいえず、他方で、本件処分は、オリンピックという大舞台に立つチャンスを最終選考に至る前に奪うものであり、本件処分は比例原則に反するというものである。
　2) 被申立人について
　　　被申立人の主張は、申立人が過去にも厳重注意を受け、かつ、予め制約をしていたにもかかわらず、被申立人の指示に反する行為をしたことが看過することができず、むしろ申立人に及ぶ不利益を最小限にするた

め、強化指定取消しではなくリオ・オリンピックの選考外にとどめたのであるから、本件処分の重さは相当であるというものである。
(5) 争点③に関する双方の主張内容
 1) 申立人について
    申立人の主張は、本件処分の根拠となる本件手続規程の施行日が2016年4月26日であるところ、被申立人の本件処分の理由である上記(3) 1)ア及びイの事実が同施行日以前である同年1月23日に発生した事実であることから、本件処分には不当な意図があると認められ、そもそも不利益処分の遡及適用の禁止という一般法理により、本件処分を科すことは許されないというものである。
 2) 被申立人について
    被申立人の主張は、本件手続規程が全選手に適用されるものであり、同規程が強化指定取消し等による不利益が大きいことから選手の手続保障のために作成されたものであり、不当な意図はないというものである。

4 仲裁判断

(1) 争点①について
 1) 判断枠組み
    仲裁パネルは、競技団体の決定の効力が争われたスポーツ仲裁における仲裁判断基準として、日本スポーツ仲裁機構における先例の判断を踏襲する判断をした。
    すなわち、「日本においてスポーツ競技を統括する国内スポーツ連盟については、その運営について一定の自律性が認められ、その限度において仲裁機関は国内スポーツ連盟の決定を尊重しなければならない。仲裁機関としては、①国内スポーツ連盟の決定がその制定した規則に違反している場合、②規則には違反していないが著しく合理性を欠く場合、③決定に至る手続に瑕疵がある場合、または④規則自体が法秩序に違反しもしくは著しく合理性を欠く場合において、それを取り消すことができる」と判断した。

2）立証責任について

　仲裁パネルは、本件が、上記の判断枠組みに従って取り消すことができる事案に当たるか否かを判断するに際し、本件処分の理由となった事実の立証責任について、次のとおり判断した。

　すなわち、「不利益処分の基礎となる事実の立証責任について、Court of Arbitration for Sport（以下、「CAS」という）の先例によれば、…処分者側に立証責任を負わせている（CAS 2010/A/2266、CAS 2014/A/3625）。日本法においては、民事訴訟における立証責任について…処分対象者に…立証責任がある…。」「これらから見て、国内スポーツ連盟が…登録…選手に対してオリンピックの選手選考から除外するというような重大な不利益処分を行う場合には、その処分の根拠となる事実については国内スポーツ連盟が立証責任を負うというべきである。

3）本件について

　被申立人は、レース当日にミーティングにおいて前方で集団になって走るという指示があったと主張するが、申立人は、前日のミーティングにおいて「横風があった場合に限り」前方で集団になって走るという指示があったと主張する。

　また、アタック潰しについて、被申立人は、申立人が参加しなかったと主張するが、申立人は、計10回ほどあった韓国チームのアタックには全て対応し、成功もしていたと主張する。

　いずれも被申立人は、上記事実について客観的資料を提出しなかった。すなわち、被申立人が立証責任を果たしたとはいえず、仲裁パネルは、上記判断枠組みにおける「②規則には違反していないが著しく合理性を欠く場合」にあたると判断している。

(2) 争点②について

　仲裁パネルは、争点①及び③に関する判断を理由として本件処分を取り消すべきと判断したことから、争点②については判断しなかった。

(3) 争点③について

1）不利益処分の遡及適用禁止の原則について

　不利益処分の遡及適用の禁止の原則については、行政法規及び労働

法規において一般に不利益処分を科する場合にも当てはまり、CASの先例（CAS 2000/A/274、CAS 2012/A/3055）においても、一般に認められる。

また、競技団体の不利益処分の効力が争われる場合においても、その規定の趣旨が法の適用の一般原則・条理の表現でもある場合には、適用されるという仲裁判断（JSAA-AP-2003-001）を引用しつつ、競技団体の不利益処分の効力が争われるスポーツ仲裁案件においても不利益処分の遡及適用の禁止の原則が当てはまると判断した。

2）本件について

本件手続規程は手続規程の体裁をとっているようにみえるが、本件手続規程附則第2条が本件手続規程施行前の行為について、本件手続規程を適用することを定めており、また、被申立人は本件手続規程に基づき処分することを前提としているのであるから、本件手続規程は実体規定である。したがって、本件手続規程は不利益処分の遡及適用の禁止の原則により認められないといわざるを得ないと判断した。

そこで、仲裁パネルは、「④規則自体が法秩序に違反している場合」にあたると判断した。

(4) 結論

以上のことから、仲裁パネルは、争点①及び③に関する判断を理由として、次に記載する主文のとおり判断した。

被申立人が、2016年6月3日に行った、第31回オリンピック競技大会（2016／リオデジャネイロ）女子ロードレースの選考から申立人を除外するとの決定を取り消す。

申立料金54,000円は、被申立人の負担とする。

5 解説

(1) 自転車競技について

1）競技種目について

自転車競技は、まず、どこを走行するかによって種目が分けられる。

トラックレースはトラックを走行し、MTB及びBMXがオフロードを走行し、室内競技は室内にてボールゲームや演技を行うのに対し、申立人が行っているロードレースは、一般道を使ったレースである。

ロードレースでは、全選手が一斉にスタートして、着順を競うものである。空気抵抗の存在があり、単独で逃げるのは相当の体力を消耗するため、各チームや各国は組織プレーを展開して、そのコースを得意とするエースを勝たせるために緻密なプレーを見ることができる。ツール・ド・フランスがこの形式のレースである。

なお、ロードレースの中でもタイム・トライアルでは、各選手が1人ずつスタートし、ゴールまでの所要時間を競うものであり、集団で走るロードレースと違って、個人の実力だけが試される種目となっている。

2) アタック、アタック潰しについて

争点①において、被申立人は申立人に対し、「他のチームがアタックを仕掛けた場合には申立人がアタック潰しを行うという指示」をしたという主張をしており、これに反したことを本件処分の理由の一つとしている。

「アタック」とは、ペダルを全力で漕ぎ、単独、または少人数で集団から抜け出すことをいう。「アタック潰し」とは、アタックで飛び出した選手の後ろにつき走行することをいい、これによって同選手を壁として空気抵抗をなくし、また同時に、同選手に対し敵である自分にとって有利な状況を作っているという心理的圧迫をかける効果がある。

3) UCIポイントについて

被申立人は、日本チームのエース選手を優勝または同選手に多くのUCIポイントを獲得させるという方針を採っていたと主張する。

UCI（国際自転車競技連合）ポイントとは、UCIが認定する大会にて一定の成績を収めることで獲得できるものであり、同ポイントを有することで、各選手の契約条件の改善（UCIポイントを多く持っていることで所属チームのランキングをアップさせることができる）、各チームのUCIアジアツアー各レースへの出場権の確保、オリンピックや世界選手権への出場枠の確保をすることができるようになる。

(2) 争点①に関する判断枠組み
 1) 本件において
　　上記4 (1) 1) のとおり、仲裁パネルは、争点①の判断枠組みとして以下のとおり判断した。
　　「日本においてスポーツ競技を統括する国内スポーツ連盟については、その運営について一定の自律性が認められ、その限度において仲裁機関は国内スポーツ連盟の決定を尊重しなければならない。仲裁機関としては、①国内スポーツ連盟の決定がその制定した規則に違反している場合、②規則には違反していないが著しく合理性を欠く場合、③決定に至る手続に瑕疵がある場合、または④規則自体が法秩序に違反しもしくは著しく合理性を欠く場合において、それを取り消すことができる」(以下、「本件判断枠組み」という)。
　　これは、過去の仲裁事案での判断を踏襲したものである。
 2) 本件仲裁判断が引用する過去の事案について
　ア　JSAA-AP-2003-001
　　大学ウェイトリフティング部男子部員が大麻取締法違反の被疑事実で逮捕され、同部のコーチをしていた申立人に「部員に対する監督不行届き」を理由として、社団法人日本ウェイトリフティング協会から除籍及び半年間の同協会への登録拒否という処分をしたところ、申立人が本処分は違法であるとして、取り消しを求めた事案である。
　　この事案で仲裁パネルは、「日本においてスポーツ競技を統括する国内スポーツ連盟については、その運営に一定の自律性が認められ、その限度において仲裁機関は国内スポーツ連盟の決定を尊重しなければならない。仲裁機関としては、国内スポーツ連盟の決定がその制定した規則に違反している場合、規則には違反していないが著しく合理性を欠く場合、または決定に至る手続に瑕疵がある場合等において、それを取り消すことができるにとどまる」との判断枠組みを示した。
　　その上で、上記処分は、申立人に告知することなく不意打ちで決定されていることから、処分決定手続きに重大な違法があるとして、処分は取り消されるべきと判断した。

ここでは、「国内スポーツ連盟の決定がその制定した規則に違反している場合、規則には違反していないが著しく合理性を欠く場合、または決定に至る手続に瑕疵がある場合等」として、3つの場合を例示的に列挙している。これらは上記アの本件判断枠組みのうち①ないし③に該当するものである。
　イ　JSAA-AP-2003-003
　　胸の下から自由を失う障害をもつ申立人が、日本身体障害者水泳連盟から「平成15年度強化指定選手に指定しない」との決定を受けたことに対し、取り消しを求めた事案である。
　　この事案で仲裁パネルは、上記ア事案の仲裁判断における判断枠組みを妥当とした上で、「加えて、国内スポーツ連盟の制定した規則自体が法秩序に違反しまたは著しく合理性を欠く場合にも、かかる規則を適用した決定を取り消すことができる」と判断した。
　　その上で、規定の内容が著しく合理性を欠くとは認められないと判断した。
　　ここでは、上記アの事案で示された判断枠組みに、本件判断枠組みの④に該当する場合を加えている。
　　こうして、本件判断枠組みが確立し、その後も踏襲され続けており、本件仲裁判断においてもこの2件の他多数の先例が引用されている。
　ウ　上記とは異なる判断枠組みについて
　　代表選考に関する決定の是非が争われた事案では、上記ア及びイで確立した判断枠組みとは別に以下の基準を採用したものがある。
　　「代表選考は客観的な数値にしたがい自動的に決まる旨の基準があらかじめ定められているような場合であれば格別、このような基準がない場合は、競技団体としては、当該競技に関する専門的見地及び大会で好成績を上げるための戦略的見地から、記録以外のさまざまな事情、たとえば技術以外の能力、調子、実績、団体競技であれば競技者間の相性等を総合考慮して判断することも、選手選考の性質上必要であると考えられる。ただ、選考過程において、試合結果等の数値を考慮せず恣意的な判断を行う等、競技団体としての専門性を放棄する

ような裁量を逸脱する判断が行われた場合にのみ、当該代表選考が無効ないし取消しうるべきものとなる。」

この基準は本件判断枠組みよりも、代表選考事案に焦点を当てて定立されたものである。

ただし、本件仲裁事案は代表選考事案とは少し性質が異なる。確かに申立人を代表選考対象から除外する決定が争われている点に着目すれば、代表選考に関する決定の是非が争われた事案ともいえる。しかし、本件処分の理由からすると、申立人の非違行為に対する処分という性質が強く認められる。すなわち、本件仲裁事案は、競技団体が与えた不利益処分についての是非が争われた事案ということができる。

したがって、仲裁パネルは上記判断枠組みを採用せず、本件判断枠組みを採用したものと思われる。

(3) 不利益処分の基礎となる事実の立証責任（争点①）

1) 立証責任について

本件仲裁事案において仲裁パネルは、「不利益処分を行う場合には、その処分の根拠となる事実については国内スポーツ連盟が立証責任を負う」と判断し、それを前提に、本件処分が、不利益処分の根拠事実（申立人が被申立人の指示ないし方針に反した事実）の存在を示す客観的証拠がないことを理由として、被申立人の主張を排斥している。

日本スポーツ仲裁機構におけるスポーツ仲裁において、不利益処分の基礎となる事実の立証責任について言及しているのは、本件仲裁事案が初めてであり、正面から立証責任を理由として結論付けた仲裁判断は過去には存在しない。そのような視点からは本件仲裁判断は特徴的ともいえる。

これは先例の中に、本件仲裁事案のように不利益処分の基礎となる事実の存否が明確に争点化し、その争点の判断が結論を直接左右するような事案がなかったためであると思われる。

2) 行政訴訟及び労働紛争についての立証責任について

行政訴訟、特に抗告訴訟においては、行政事件訴訟法内に立証責任に関する規定はなく、民事訴訟法に倣って（行政事件訴訟法7条）、法

律要件分類説の考え方を前提に立証責任について判断することになる。そうすると、権限行使規定の要件事実の存在については処分権限の行使を主張するものが立証責任を負うこととなる。

また、使用者が労働者に懲戒処分をした場合の客観的合理的理由（就業規則該当事由の存在）については使用者が責任を負うこととなる（最判平成 8 年 3 月 28 日）。

仲裁パネルは、被申立人に立証責任を課すために、これらの場合の立証責任の如何について指摘するが、被申立人は行政庁でも申立人の使用者でもない。しかし、申立人と被申立人との力関係あるいは資料収集能力の差からすれば、行政訴訟及び労働紛争の事例は十分に参考にすべきものと思われる。

(4) 不利益処分の遡及適用の禁止（争点③）
 1) 遡及適用の禁止の適用範囲について

憲法 39 条は、「何人も、実行の時に適法であった行為又は既に無罪とされた行為については、刑事上の責任を問はれない。又、同一の犯罪について、重ねて刑事上の責任を問はれない。」として、遡及処罰を禁止している。この憲法上の要請は罪刑法定主義の帰結でもあり刑法上は貫徹されているものの、刑罰法規以外の領域についてまで適用されるわけではない（最判昭和 24 年 5 月 18 日）。

もっとも、本件仲裁判断でも指摘されているように、行政法分野、特に私人に対して不利益効果を与える法律においては、遡及処罰の禁止を原則とする見解が有力である。これは法治国家原理の内容となっている法的安定性、信頼保護の原則を根拠とするものである。なお、租税法分野においては遡及適用禁止の例外を認める判例もある（最判平成 23 年 9 月 22 日）。

 2) スポーツ仲裁案件への適用について
  ア　先例について

本件仲裁判断では、JSAA-AP-2003-001 が引用されている。

この事案概要は、上記（2）2) アのとおりであるが、ここでは、不利益処分を課すために必要となる手続きについて、行政手続法等の適

用があるかが争点となっていた。

　この事案の仲裁パネルは、「確かに公益法人である相手方協会に対して行政手続法等が直接的に適用される余地はないが、その規定の趣旨が法の一般原則・条理の表現でもある場合には、それが本件処分のような決定に対しても適用されることを妨げるものではない。いかなる手続上の要請が本件処分決定手続に必要とされるかは、その要請が決定手続において何を保障するためのものであるかを具体的に検討することによって明らかになる」と判断している。

　上記事件は行政手続法の趣旨（聴聞手続の履践、処分理由の明示等）がスポーツ仲裁事件に適用されるかについて判断したものであるが、行政法規における一般原則等については、スポーツ仲裁案件に適用されるとしたのである。

　これは、上記（3）2)で述べたものと同様の理由となるが、競技団体と競技者との関係性と行政庁と私人との関係性との間に共通点が多く、ましてや一般原則は法律適用の根底にあるもので、万人から肯定的に捉えられるべきものであって、行政庁に適用を認めて、競技団体に適用を認めないとする必要に乏しい。

　しかも、競技団体が競技者にする処分の中には、競技者の選手生命を大きく左右する内容が多く含まれており、競技者にとっては、一般的に行政庁が私人にする不利益処分の内容とでは全く差異はない（むしろ、行政庁がする処分よりも重大なものであることすらある。）。

イ　本件への適用について

　上記のとおり、行政手続きの趣旨についてスポーツ仲裁事案に適用があるというのは先例の判断であるが、本件で問題になっているのは単なる手続き上の規定ではなく、遡及処罰の禁止という規定自体の合理性に関わるもので、言わば実体上の瑕疵にかかる規定である。

　しかも、その適用領域については、判例上も各分野で争いのあるところであり、行政法分野（不利益効果のある法律）においても憲法上の要請ではなく、行政法上の一般原則に引き直して適用を認めるものである。

したがって、スポーツ仲裁事案への適用についても、本件において適用を認めるという結論自体を争うものではないが、慎重に検討するべき問題ではあると思われる。

(5) 緊急仲裁手続きについて

上記2（2）2）のとおり、本件は緊急仲裁手続きが採られたが、その理由としては、リオ・オリンピック代表を最終決定する大会が2016年6月25日に開催され、申立人もこれに出場を予定していたことを挙げている。

本件処分によって代表枠から外れたことを理由に、上記大会にも出場できないことになっていたか否かは、本件仲裁判断の記載からは不明であるが、もし上記大会には出場すること自体は認められていたのであれば、「事態の緊急性又は事案の性質に鑑み極めて迅速に紛争を解決する必要」（仲裁規則50条1項）があったかは疑わしい。

(6) 本件仲裁判断の意義

1) 代表選考事案か不利益処分事案か

上記（2）2）ウのとおり、本件処分内容は、代表選考の対象から外すというものであるが、その理由が被申立人の指示方針に反したことを理由とするものであって申立人の非違行為に対する不利益処分ということもできる。

しかし、上記（1）のとおり、ロードレースは、全選手が各々ゴールを目指すものではあるが、各チームが組織プレーを展開して、そのコースを得意とするエースを勝たせるという、団体競技の性質も有する。そうすると、チーム内の協調は、競技能力として非常に重要なものといえる。このような競技の特殊性にも着目すれば、申立人が被申立人の指示方針に反したという事実が、他者よりも競技能力が劣ると評価されたとして、純粋に代表選考の紛争事案であると考えることもできる。したがって、代表選考に焦点を絞った判断枠組み（上記（2）2）ウ）を利用することも可能だったのではないだろうか。

2) 立証責任についての言及

これまでの日本スポーツ仲裁機構における仲裁判断の中で、立証責任について正面から言及し、立証責任を直接の理由として結論付けたものは本件が初めてである。
　本件仲裁判断は、立証責任について、各国法によるとしたCASの先例を前提として、日本における民法上、行政訴訟上及び労働紛争上の立証責任を参考にしつつ判断したものとして意義を有する。

3) 法の不遡及について

　これまでの日本スポーツ仲裁機構における仲裁判断の中で、行政手続法の規定ないしその趣旨をスポーツ仲裁案件に適用した先例は存在した（JSAA-AP-2003-001）。本件仲裁判断においては、上記先例で定立された規範を踏襲した上で、行政手続法の規程ないしその趣旨だけでなく、法分野ごとに適用するか否か（適用領域）に争いのある「遡及処罰の禁止」という原則をスポーツ仲裁案件に適用すると判断したことに意義を有する。

4) 本件処分の根拠規定について

　本件処分の根拠規定となっている「強化指定選手に対する指定取消し等の不利益処分に関する手続規程」については公表がされておらず、本評釈を作成するにあたりその規定内容を確認することができなかった。
　遡及処罰禁止を適用するか否かにおいても、学説上「予見可能性」という考慮要素を重視する見解も散見され、その意味では、競技者に対し予見可能性を与えるために、あらゆる規定の公表が望まれる。

学会通信（2016年度学会通信）

2016年度の会員数　390名　（2016年12月17日現在）

1. 第24回大会
　24回大会は、2014年12月17日（土）、中央大学後楽園校舎において、「アンチ・ドーピング体制の整備に関する法的課題」を全体テーマとして開催された。

■自由研究発表　（9時－11時30分）（発表20分　質疑10分）
Aグループ（6418教室）　司会・進行：酒井俊皓・鈴木知幸
① 9時－9時30分
　　「小規模スポーツ団体のガバナンスの構築における実践と課題」
　　　大橋卓生（虎ノ門協同法律事務所）
　　　安藤尚徳（東京フィールド法律事務所）
② 9時30分－10時
　　「小規模スポーツ団体の不祥事に関する相談窓口の現状とあり方に関する考察」
　　　安藤尚徳（東京フィールド法律事務所）
　　　大橋卓生（虎ノ門協同法律事務所）
③ 10時－10時30分
　　「公益法人改革の一様相　～日本相撲協会定款を題材として～」
　　　榊原利明（公益財団法人日本相撲連盟）
④ 10時30分－11時
　　「スポーツ法学教育の新たな試み
　　　　～法学部教員の各専門法学分野からスポーツにアプローチする～」
　　　吉田勝光（桐蔭横浜大学）
⑤ 11時－11時30分
　　「スポーツからフェア（公正）を考える　～高校・大学での授業実践を通じて～」
　　　宮島繁成（ひまわり総合法律事務所・近畿大学）

Bグループ（6426教室）　司会・進行：竹之下義弘・石堂典秀
① 9時－9時30分
　　「ニュージーランドの代表選考仲裁における判断基準
　　　　～スポーツ仲裁における司法審査の在り方～」
　　　松本泰介（早稲田大学・Field-R法律事務所）
② 9時30分－10時
　　「リオ五輪、パラリンピックにおけるロシアの競技者の参加資格をめぐる
　　　　一連の仲裁判断の内容と今後のアンチ・ドーピング体制について」
　　　杉山翔一（Field-R法律事務所）
　　　石堂典秀（中京大学法科大学院）
　　　金刺廣長（グラス・オランジュ法律事務所）
　　　井神貴仁（酒井法律事務所）
③ 10時－10時30分
　　「アメリカ大学スポーツにみるアマチュアリズムの崩壊～労働者化する学生選手～」
　　　川井圭司（同志社大学）

④ 10 時 30 分 – 11 時
　　「アンブッシュマーケティングへの法規制の現状と課題」
　　　田中 敦（虎門中央法律事務所）
⑤ 11 時 – 11 時 30 分
　　「イギリスラグビー・フットボール・ユニオン
　　　　のチャイルド・プロテクション制度の意義と課題」
　　　森 克己（鹿屋体育大学）
■シンポジウム（5334 教室）　（14 時 15 分 – 18 時）
　「アンチ・ドーピング体制の整備に関する法的課題」
　　　　　　　　総合司会：菅原哲朗（キーストーン法律事務所）
(1)　来賓挨拶（14 時 15 分 – 14 時 20 分）
　　　馳 浩（衆議院議員、前文部科学大臣、
　　　　　　　　スポーツ議員連盟アンチ・ドーピング WG 事務局長）
(2)　個別報告（14 時 20 分 – 15 時 50 分）
①「ロシアドーピング問題が提起した課題」（14 時 20 分 – 14 時 40 分）
　　　山崎卓也（Field-R 法律事務所）
②「タスク・フォース等報告と課題」（14 時 40 分 – 14 時 50 分）
　　　境田正樹（東京大学理事・四谷番町法律事務所）
③「刑法・比較法の視点から」（14 時 50 分 – 15 時 10 分）
　　　髙山佳奈子（京都大学大学院）
④「民事法の視点から」（15 時 10 分 – 15 時 30 分）
　　　棚村政行（早稲田大学法学学術院）
⑤「規律パネル・規則違反・不服申立の視点から」（15 時 30 分 – 15 時 50 分）
　　　早川吉尚（立教大学／瓜生・糸賀法律事務所）
(3)　パネルディスカッション　第 1 部（15 時 55 分 – 17 時）
　　　パネリスト
　　　　馳 浩（衆議院議員、前文部科学大臣）
　　　　浅川 伸（日本アンチ・ドーピング機構専務理事）
　　　　宍戸常寿（東京大学大学院）
　　　　髙山佳奈子（京都大学大学院）
　　　　棚村政行（早稲田大学法学学術院）
　　　　早川吉尚（立教大学／瓜生・糸賀法律事務所）
　　　　山崎卓也（Field-R 法律事務所）
　　　モデレーター
　　　　境田正樹（東京大学理事・四谷番町法律事務所）
　　　　齋藤健司（筑波大学）
(4)　パネルディスカッション第 2 部（17 時 05 分 – 18 時）
　　　パネリスト
　　　　浅川 伸（日本アンチ・ドーピング機構専務理事）
　　　　宍戸常寿（東京大学大学院）
　　　　髙山佳奈子（京都大学大学院）
　　　　棚村政行（早稲田大学法学学術院）
　　　　早川吉尚（立教大学／瓜生・糸賀法律事務所）
　　　　山崎卓也（Field-R 法律事務所）
　　　モデレーター
　　　　境田正樹（東京大学理事・四谷番町法律事務所）

齋藤健司（筑波大学）

2. 総会（2016 年 12 月 17 日（土））
　総会において、2016 年度事業報告及び 2017 年度事業計画、2016 年度会計報告及び 2015 年度予算案について提案がなされ、承認された。

［2016 年度活動報告］
　2015 年 12 月 17 日総会以降の活動報告は、以下の通りである。

2016 年　3 月 19 日　第 1 回理事会（於：早稲田大学）
　　　　　5 月 14 日　第 2 回理事会（於：筑波大学）
　　　　　6 月 13 日　日本スポーツ法学会監修「標準テキストスポーツ法学」
　　　　　　　　　　（エイデル研究所）発行
　　　　　　　　　　（スポーツ法学教育の在り方委員会）
　　　　　6 月 19 日　シンポジウム「アンチ・ドーピング法制化に向けた検討課題」
　　　　　　　　　　（於：早稲田大学）
　　　　　　　　　　（スポーツ基本法検討研究専門委員会）
　　　　　7 月 14 日　会報第 47 号発行
　　　　　7 月 23 日　第 3 回理事会（於：中京大学）
　　　　　7 月 23 日　夏期合同研究会「運動会の意義と事故予防」（於：中京大学）
　　　　　9 月 24 日　第 4 回理事会（於：筑波大学）
　　　　　10 月 29 日　第 5 回理事会（於：筑波大学）
　　　　　12 月 10 日　ANZSLA（オーストラリア・ニュージーランドスポーツ法学会）と
　　　　　　　　　　MOU 締結
　　　　　12 月 17 日　年報 23 号発行
　　　　　　　　　　「アジアにおけるオリンピック・パラリンピック開催をめぐる法的諸問題」
　　　　　12 月 17 日　第 6 回理事会（於：中央大学）
　　　　　12 月 17 日　日本スポーツ法学会第 24 回大会
　　　　　　　　　　「アンチ・ドーピング体制の整備に関する法的課題」（於：中央大学）

3. 2017 年度事業計画
1. 第 25 回日本スポーツ法学会大会の開催
　2017 年 12 月 16 日（土）（於：同志社大学　予定）
2. 理事会の開催
3. 各研究専門委員会の活動
4. 夏期合同研究会
　2017 年 7 月 22 日（土）（於：福井大学　予定）
5. 年報第 24 号発行
6. 会報の発行　年 2 回
7. その他

日本スポーツ法学会会則

第1章　総則
第1条　本会は、日本スポーツ法学会（Japan Sports Law Association）と称する。
第2条　本会の事務局は理事会の定める所に置く。

第2章　目的及び事業
第3条　本会は、スポーツ法学の発展及び研究者相互の協力を促進し、内外の学会との連絡及び協力を図ることを目的とする。
第4条　本会は前条の目的を達成するため、左の事業を行う。
1. 研究集会の開催
2. 機関誌その他刊行物の発行
3. 内外の学会との連絡及び協力
4. その他本会の目的を達成するために適当と認めた事業

第3章　会員及び総会
第5条　本会は、スポーツ法学に関心を有しその研究に寄与し得る者によって組織される。
第6条　会員になろうとする者は、会員2人以上の推薦を得て理事会の承認を受けなければならない。
第7条　会員は、総会の定めるところに従い、会費を納めなければならない。
第8条　本会は、毎年1回総会を開催する。必要があるときは、臨時総会を開くことができる。

第4章　理事会等
第9条　本会の運営及び会務の執行のために、理事会を置く。理事会は、会長及び理事若干名をもって構成する。
第10条　会長は、会務を総轄する。会長は、その補佐のために副会長を委嘱することができる。
第11条　会長及び理事は、総会において選出することができる。
第12条　会長及び理事の任期は、3年とする。但し、再任を妨げない。
第13条　本会に、事務局をおく。事務局長は会長が委嘱する。
第14条　本会に、会計及び会務執行の状況監査するため、若干名の監事をおく。監事は、総会において選出し、任期は3年とする。但し、再任を妨げない。

第5章　会則の変更
第15条　本会則を改正するには、総会出席者の3分の2以上の同意を得なければならない。

付則
1. 第5条に該当する者が本会設立時に入会を申し込んだ場合は、第6条にかかわらず会員とする。
2. 本会則は、1992年12月19日より実施する。

『日本スポーツ法学会年報』編集規程

　この規程は、日本スポーツ法学会が年1回発行する機関誌『日本スポーツ法学会年報』編集に関して、必要な事項を定める。
1．掲載する原稿は、本学会員による未発表の研究論文、研究ノート、調査報告、書評、文献紹介、翻訳（以下、「論文等」という）、その他会員の研究活動および学界ならびに本学会の動向等に関する記事とする。ただし、編集委員会は理事会の承認を得て会員以外の依頼原稿を掲載することができる。
2．本年報に論文等を掲載しようとする会員は、所定の「原稿執筆要領」に従い、編集事務局に原稿を毎年1月31日までに送付する。
3．原稿の掲載は、編集委員会の査読審査を経て決定する。なお、編集委員会は、投稿論文の採否について疑義のある場合に、理事会に判断を委ねることができる。査読審査の手続は、別に定める。
4．執筆者の校正は、初校までとする。校正は、誤植の訂正程度に止め、文章、図表等の大幅な訂正、変更は認められない。
5．図版等で特定の費用を要する場合は、執筆者に負担させることがある。ただし、依頼原稿はこの適用を除外する。

2013年10月20日改正、理事会承認

『日本スポーツ法学会年報』原稿執筆要領

1．執筆原稿は、編集規程第1項及び第2項による会員の投稿原稿及び編集委員会で新たに依頼した原稿に限る。
2．脚注の表記の仕方
　（1）脚注は、文末に一括して集録する。
　（2）表記は、
　　1）和書の場合、
　　　例）千葉正士『スポーツ法学序説』信山社、2001年、123頁。
　　2）和雑誌の場合、
　　　例）千葉正士「スポーツ法学の現状と課題」『法律時報』65巻5号、33頁、1993年。
　　3）洋書の場合、書物（刊行物＝書籍・雑誌）の名称はイタリックで示す。原稿中にイタリックで示すことが不可能な場合は、印刷した原稿の該当箇所にアンダーライン又はマーカーで印を付けておく。著者名は、ファミリーネームを先にする。
　　　例）William, LP., *The Law of Torts, West Publishing*, 1985, p.123.

4）洋雑誌の場合、
　　　　例）O Brien, D. & Overby, JO., Drugs and Sports - Developing a Drug Policy, *Journal Legal Aspects of Sport*, 1992, 2（1）, pp. 32-36.
3．図表等は、別紙にして、本文中の挿入箇所を原稿の余白部分に指定する。なお、図表のタイトルは、図の場合は下、表の場合は上に記す。
4．原稿の分量は、原則として、基調講演論文については、1篇につき400字詰め原稿用紙70枚以内、投稿論文または依頼論文は400字詰め原稿用紙50枚以内、判例研究その他の調査報告は400字詰め原稿用紙30枚以内、書評は400字詰め原稿用紙12枚以内とする。なお、図表は原稿量に含むものとし、原寸大の図表を投稿時に提出するものとし、原稿量に換算する。
5．原稿は原則として、ワードプロセッサーで作成するものとし、A4版縦置き横書きで全角40字40行（但し、欧文綴り及び数値は半角）とし、Wordファイルにして編集事務局に電子メールで送信する。同時に図・表・写真等の配置、その他指示事項を赤字で記入した印刷物を編集事務局へ一部送付する。印刷物には、原稿の種類、タイトル、欧文タイトル（編集委員会で確認後、必要あれば若干の修正・変更を求める）、執筆者、執筆者肩書き、連絡先（メールアドレスを含む）を記した表紙をつける。ただし、所定枚数を超過する場合は、編集委員会の判断で書き直しを求めることができる。
6．その他、詳しい原稿の執筆要領については細則を定め、日本スポーツ法学会ホームページに掲載する。
7．原稿送付先及び問い合わせは、下記の日本スポーツ法学会編集事務局とする。

　　住所　　〒102-0073　東京都千代田区九段北4-1-9　市ヶ谷MSビル4F
　　　　　　　　エイデル研究所　出版部　日本スポーツ法学会編集事務局
　　電話　　03-3234-4641　FAX　03-3234-4644
　　E-mail　sportlaw@eidell.co.jp

2013年10月12日改正、理事会承認

【編集委員会】

入澤充（委員長）、浦川道太郎、佐藤千春、望月浩一郎、
笠井修、森浩寿、松本泰介、熊谷耕、武田丈太郎、村上拓郎

日本スポーツ法学会２０１７年役員名簿

氏名	役職	所属
井上洋一	会長・理事	奈良女子大学研究院生活環境科学系教授
桂 充弘	副会長・理事	弁護士
齋藤健司	副会長・理事	筑波大学体育系教授
川井圭司	事務局長・理事	同志社大学政策学部・総合政策科学研究科教授
堀田裕二	事務局次長	弁護士
合田雄治郎	事務局次長	弁護士
高松政裕	事務局次長	弁護士
井上圭吾	理事	中京大学法科大学院教授
石堂典秀	理事	国士舘大学法学部教授
入澤 充	理事	早稲田大学法学学術院教授・弁護士
浦川道太郎	理事	弁護士
大橋 卓	理事	中央大学法科大学院教授
笠井 修	理事	尚美学園大学総合政策学部教授
崔 光日	理事	弁護士
酒井俊皓	理事	弁護士・東京大学理事
境田正樹	理事	朝日大学法学部教授・弁護士
佐藤千春	理事	弁護士
白井久明	理事	スポーツ政策創造研究所代表
菅原哲朗	理事	早稲田大学法学学術院教授・弁護士
鈴木知幸	理事	弁護士
棚村政行	理事	宇都宮大学地域デザイン科学部教授
辻口信良	理事	公益財団法人東京オリンピック・パラリンピック競技大会組織委員会
中村祐司	理事	
平井千貴	理事	
松本泰介	理事	弁護士・早稲田大学准教授
水沢利栄	理事	福井大学教育学部教授
望月浩一郎	理事	弁護士
森 浩寿	理事	大東文化大学スポーツ健康科学部教授
八木由里	理事	弁護士
山崎卓也	理事	桐蔭横浜大学スポーツ健康政策学部教授
吉田勝光	理事	鹿屋体育大学教授
森 克己	監事	弁護士
関谷綾子	監事	松本大学准教授
新井喜代加	事務局員	弁護士
相川大輔	事務局員	弁護士
安藤尚徳	事務局員	弁護士
飯田研吾	事務局員	弁護士
井神貴仁	事務局員	明治神宮外苑アイススケート場
太田由希奈	事務局員	弁護士
岡村英祐	事務局員	弁護士
金刺廣長	事務局員	エイデル研究所
熊谷耕子	事務局員	公益財団法人日本障がい者スポーツ協会
櫛田葉子	事務局員	総合スポーツ研究所
千田志郎	事務局員	新潟医療福祉大学健康スポーツ学科
武田丈太郎	事務局員	市民スポーツ＆文化研究所
中田 誠	事務局員	筑波大学大学院
関 允淑	事務局員	エイデル研究所
村上拓郎	事務局員	

日本スポーツ法学会年報　第２４号

2017年12月16日

編 集 人	入澤　充
発 行 人	井上洋一
印刷・製本	モリモト印刷（株）
発 行 所	（株）エイデル研究所

〒102‐0073　東京都千代田区九段北4・1・9
TEL．03（3234）4641
FAX．03（3234）4644

Ⓒ日本スポーツ法学会

Printed in Japan　ISBN 978‐4‐87168‐612‐9　C 3032